マーケティングの教科書

HBR'S 10 MUST READS ON STRATEGIC MARKETING

ハーバード・ビジネス・レビュー戦略マーケティング論文ベスト10

ハーバード・ビジネス・レビュー編集部＝編
DIAMONDハーバード・ビジネス・レビュー編集部＝訳

ダイヤモンド社

HBR's 10 Must Reads For Strategic Marketing
by Harvard Business Review

はじめに

本書の主な対象読者は、経営者はもちろん、営業、商品開発、宣伝、広報、研究開発（R&D）などの各部門のマネジャーから一般社員までとなります。ほとんどのビジネスパーソンが読者対象ということなのですが、実際、経営学の大家、ピーター・ドラッカーは代表著書『マネジメント』の第一章でこう書いています。「企業の目的は、顧客の創造である。したがって、企業は二つの、そして二つだけの基本的な機能を持つ。それがマーケティングとイノベーションである」。企業の機能を実現するのは人ですから、マーケティングは、全ビジネスパーソンが果たすべき基本的な業務なのです。そして、本書で示すようなマーケティングの考え方を習得しておくと、収益性の高いビジネスを実現できます。

そのマーケティングに関して、世界で最も有力な米国のマネジメント誌*Harvard Business Review*（HBR：ハーバード・ビジネス・レビュー）に掲載された論文から、HBR編集部が一〇本を厳選したものが、本書です。超一級の執筆者のラインアップになっています。

第1章「営業とマーケティングの壁を壊す」は、フィリップ・コトラー（ノースウェスタン大学ケロッグスクール教授）らが、営業部門とマーケティング部門のコラボレーションを実現させる方法を説いています。両部門はしばしば、限られた予算や人員などの経営資源を奪い合い、役割分担などで反目しがちですが、それを打開することのメリットを本稿は示します。マーケティング理論の権威による現実的な提言で、即効性があります。

第2章「セグメンテーションという悪弊」は、「イノベーションのジレンマ」や「ジョブ理論」で有名なクレイトン・クリステンセン（ハーバード・ビジネス・スクール教授）らによるマーケティング論、ジョブ理論をHBRに初めて著したのが本論文です。消費者が商品に求めているものは何かを考え、顧客が片づけたい、処理しなければならないジョブに焦点を当てて経営すべきだと強調します。この論文が、イノベーションを学ぶための理論へと発展していきます。

この考えのもとになるのが、セオドア・レビット（ハーバード・ビジネス・スクール教授）の第3章「マーケティング近視眼」。ビジネスパーソン必読の論文です。鉄道会社が衰退したのは、経営者の発想が製品中心（鉄道という製品事業）だったためというわかりやすい事例で、顧客中心（顧客にとっては移動する手段）の経営の重要性を説きます。

本書の中盤には、実践的な論文を集めています。ローランド・ラスト（メリーランド大学教授）らの第4章「マーケティング再考」は、今日、企業は製品の売り込みより、長期的な顧客リレーションシップの構築を優先させるべきであるとして、そのための具体策を論じます。中核は、社員のマインドセットと組織の抜本的改革です。マーケティング部門を顧客部門として再構築し、CMO（最高マーケティング責任者）をCCO（最高顧客責任者）に置き換え、その下に製品マネジャーを置き、業績評価指標を製品の収益性ではなく顧客の収益性へと転換し、CLV（顧客生涯価値）やカスタマー・エクイティ

（顧客の資産価値）といった顧客評価指標を導入することを提言しています。

長期的な顧客との関係構築論の第一人者といえば、フレデリック・ライクヘルド（ベイン・アンド・カンパニー名誉ディレクター）です。第5章「顧客ロイヤルティを測る究極の質問」は、顧客満足度調査のあるべき姿を明かし、顧客ロイヤルティを向上させ、リピート注文を増やし、利益成長につなげる画期的な手法を紹介します。この手法によれば、顧客は回答しやすく、企業も集計が楽なので、調査結果を会社全体で簡単に共有できます。

デイビッド・エデルマン（マッキンゼー・アンド・カンパニー プリンシパル）の第6章「『つながり』のブランディング」は、eコマースのマーケティングに焦点を絞っています。かつての消費者は多くのブランドの商品を比較して、吟味して購買を決定するものの、そこでブランドへの関与は終了していましたが、デジタルネットワークが進化したいま、購買行動は劇的に変化しています。マッキンゼーの「消費者の購買意思決定の旅」（CDJ）モデルによると、消費者は、企業がコントロールできないメディアチャネルを通じて、無数のブランドと接触し、反復的に品定めし、購入後もブランドの展開に力を貸したり、その価値を問い直したりします。したがって企業は、マーケティング目標やメディア投資配分、組織上の役割を再設計しなければならないと警告します。

ブランドは、リアル事業でもeビジネスでも強力な差別化要因です。しかし、大局的・総合的にブランドを把握して、科学的に戦略を立てる経営者やマネジャーはいまだ多くいません。その段階にステップアップするために、ブランド評価法の導入を提言するのが、第7章「ブランド評価の新手法：ブランド・リポート・カード」です。筆者のケビン・ケラー（ダートマス大学教授）は、一〇の視点からブランドの特性を洗い出す「ブランド・リポート・カード」を提示します。スターバックス、ジレット、P&G、BMWなどの強力なブランドを分析したところ、ブランド力が強ければ強いほど、これら一〇の特性がシナジーを生み出していると研究成果を発表しています。このツールを使って自社のブランドを検証することは、科学的なブランド戦略構築の第一歩となることでしょう。

今日、いくつかのカテゴリーでは、「ブランド・コミュニティ」の価値は多大です。第8章「ブランド・コミュニティ：七つの神話と現実」は、スーザン・フォルニエ（ボストン大学スクール・オブ・マネジメント准教授）らが、経営破綻の危機に瀕していたハーレーダビッドソンの改革の柱となった、ブランド・コミュニティ構築の取り組みを紹介しています。ブランド・コミュニティは、特定のブランドに結び付いたライフスタイル、行動、価値観を共有する熱心なユーザーによって組織されます。それは、企業のためのものではなく、コミュニティの人々のためのものです。コミュニティづくりに腐心することでブランドも強化されますが、一方で、コミュニティには内部対立がつきもので、それを受け止めて、オピニオンリーダーに惑わされることなく、自社ブランドを築き上げなければならないと説きます。

第9章「女性の消費力が世界経済を動かす」は、ボストン コンサルティング グループ（BCG）が、全世界の女性を対象に実施し、四〇以上の地域から一万二〇〇〇人以上の回答を得た調査をもとにした論文です。筆者のマイケル・シルバースタイン（BCGシニア・パートナー&マネージング・ディレクター）らは、女性は企業のマーケティングに大きな不満を感じていることを明かし、女性の支出がとりわけ多い四業界（食品、フィットネス、美容、衣料）、女性の不満が多く改善効果が高い二業界（金融、医療）を分析し、いかに女性消費者のニーズに対応すべきかを解説しています。

法人営業を論じることが少ないHBR誌にあって、ジェームズ・アンダーソン（ノースウェスタン大学ケロッグスクール教授）らが著した第10章「法人営業は提案力で決まる」は、稀有で良質な論文です。顧客バリュー・プロポジションの失敗例と成功例を紹介しながら、ソリューション営業の本質について再考しています。

本書は論文集ですから、ご関心のあるテーマから読まれることをお勧めします。なお、各論文執筆者の肩書きは基本的に、論文発表当時のものです。

DIAMONDハーバード・ビジネス・レビュー編集部

『マーケティングの教科書』

目次

第4章 マーケティング再考

第5章 顧客ロイヤルティを測る究極の質問

第10章

法人営業は提案力で決まる──261

ジェームズ・C・アンダーソン　ノースウェスタン大学 ケロッグスクール・オブ・マネジメント 教授
ジェームズ・A・ナルス　ウェイクフォレスト大学 バブコック経営大学院 教授
ワウテル・ファン・ロッスム　トウェンテ大学 スクール・オブ・ビジネス・パブリック・アドミニストレーション・テクノロジー 教授

第1章

営業とマーケティングの壁を壊す

ノースウェスタン大学 ケロッグスクールオブ・マネジメント 教授
フィリップ・コトラー
ポーツマス大学 客員教授
ニール・ラッカム
ストラテジック・インサイツ 創業者兼社長
スジ・クリシュナスワミ

"Ending the War Between Sales and Marketing"
Harvard Business Review, July-August 2006.
邦訳「営業とマーケティングの壁を壊す」
『DIAMONDハーバード・ビジネス・レビュー』2006年10月号

フィリップ・コトラー
(Philip Kotler)
ノースウェスタン大学ケロッグスクール・オブ・マネジメントのS. C. ジョンソン・アンド・サンズ記念講座教授。

ニール・ラッカム
(Neil Rackham)
ポーツマス大学客員教授。著書に『SPIN式販売戦略』(ダイヤモンド社、1995年)、共著に*Rethinking the Sales Force*, McGraw-Hill, 1999. がある。

スジ・クリシュナスワミ
(Suj Krishnaswamy)
シカゴを本拠とする、ストラテジック・インサイツの創業者兼社長。同社は営業とマーケティングの統合を目指した事業戦略の構築と市場調査を行う。

近くて遠い二つの組織

ずいぶん前のことだが、某メーカーの設計部門は、完成した設計仕様書を製造部門に渡すだけでなく、早期段階からその意見を取り入れることで時間とコストを節約できることに気がついた。設計部門と製造部門のコラボレーションは会社にも顧客にも有益であり、相互不干渉であることはまことに効率が悪い。同様に、営業とマーケティングも密接に関わっている。そろそろ歩調を合わせる努力をすべきだろう。しかし現実には、両部門は異なる職能と位置付けられ、組織も別々である。当然、両部門が一緒に働いたとしても、息が合うことは稀である。

販売実績が予測を下回ると、マーケティング部門は「完璧な計画を立てたのに、営業が実行しなかった」と非難の声を上げる。かたや営業部門も黙っていない。「価格が高すぎるし、計画を実行するには予算が足りない。我々の体制も完璧ではないのだから、販売手数料を引き上げることもままならない」と訴える。

営業担当者は、マーケターは顧客の実情を知らないと思っている。一方マーケターは、営業担当者の近視眼的な態度にいら立つ。個々の顧客行動ばかり見ていて、市場全体の動きに無頓着だから、長期的視点で物事を考えられないと不満を感じている。要するに、二つの部門は互いの貢献を評価していないのである。

両部門の足並みの乱れは、全社業績にはマイナス要因である。我々は調査とコンサルティングを通じて、両部門が連携に失敗し、全社利益を損なう例を数多く目にしてきた。反対に、歩調を合わせれば、主要な業績評価指標が飛躍的に改善される。また販売サイクルは短くなり、市場参入や営業にかかるコストも下がる。

それを証明したのが、ＩＢＭが営業とマーケティングを統合させた「チャネル・イネーブルメント」という新組織である。この組織改編をする前、執行役員のアニール・メノンとダン・ペリーノは、同社のマーケティングと営業が完全に分離していることを嘆いていた。

営業部門は注文に応えることしか考えず、みずから需要を掘り起こそうとしなかった。マーケターの考える広告戦略では販売実績が上がらないのだから、営業担当者がマーケティング活動に熱意を持って臨めるはずがない。マーケティング部門が新製品を発表しても、営業部門の体制はこれに対応できるものではなく、いざこざが絶えなかった。

我々はマーケティングと営業のすれ違いに注目し、両部門が成果を高め、全社に貢献できるようなベストプラクティスを見出すための調査を実施した。対象企業は、重機、素材、医療機器、電子製品などの各メーカー、金融サービス会社、航空会社などである。これらの企業のＣＭＯ（最高マーケティング責任者）と営業責任者の両者にインタビューした結果、次のような実態が明らかとなった。

● マーケティング活動は、企業によって、あるいは製品ライフサイクルの各段階で異なることがあるため、営業との関係に大きな影響を及ぼす。
● マーケティングと営業の間には、経済的対立と文化的対立という二つの軋轢がある。
● 両部門の相違点は、簡単に発見できる（判別ツールを紹介する）。
● 両部門が協力体制を敷くことで、全社的に両部門の力をより建設的かつ現実的に活用できる。

なぜ営業とマーケティングは反目していくのか

営業とマーケティングの関係を調べる前に、企業によってマーケティング業務は千差万別であることを理解しなければならない。中小企業には、そもそもマーケティング部門がない。しかも企業規模が小さいため、経営者、営業部門、広告代理店などがマーケティング戦略を考案する。そのような企業では、マーケティングは営業と同義であり、ポジショニングを決定する仕事だとは認識されていない。

業績が拡大すると、中小企業でもマーケティング担当者が置かれ、営業を支援させるようになる。新たに採用されたマーケティング担当者は、市場規模を調べ、自社に最適な市場とチャネルを突き止め、顧客ニーズやその影響力を見極める。広告や販促は外部に協力を仰ぐが、製品カタログなどを用意して、営業活動や受注に協力する。さらに、ダイレクトメール、テレ・マーケティング、見本市などを活用して潜在顧客を掘り起こす。この段階では、営業部門もマーケティング担当者も、マーケティングは営業を支援するものという認識があり、良好な関係が保たれる。

ところが、高業績に伴って事業がさらに拡大すると、経営陣はマーケティング部門の役割が「製品」(product)、「価格」(pricing)、「場所」(place)、「販促」(promotion)の4P以外にもあることに気づく。つまり、マーケティング効果を高めるには、セグメンテーション、ターゲティング、ポジショニングなどに精通したマーケターが必要なのだ。

しかるべきキャリアを積んだマーケターが採用されると、マーケティング活動だけに専念するようになる。同時に、営業部門との間で予算の奪い合いも始まる。営業部門の使命はこれまで通りだが、マーケティング部門の使命が変化したことで不協和音が生じるのである。

互いに「本来やるべき仕事ができていない」とののしり合い、結果、営業部門はマーケティング業務の一部を、マーケティング部門は営業業務の一部を兼務せざるをえない。すると、営業担当者は、「マーケターは長期戦略だけを考えてくれれば十分だ。販売活動は営業に一任してほしい」と考えるようになる。

一方、セグメンテーションといった難しい仕事に着手し始めたマーケティング部門は、戦略立案、製品開発、財務、製造などの各部門と関係を深めていく。こうして、製品開発よりもブランディングに集中しようという雰囲気が全社を支配し、ブランドマネジャーの発言力が高まる。それまで営業部門を陰で支えるだけの存在だったマーケティング部門は、みずから高い目標を掲げ、自社を「マーケティング主導型」組織に変革しようとする。ところが、それを表明したとたん、営業部門をはじめ、全部門から「マーケティング部門は全社を率いていくだけの能力と経験を備えているのか」「全社課題をわかっているのか」という不満や懸念が噴出する。

マーケティングは、各事業部門への影響力を増したとしても、全社的には傍流であることに変わりはない。ただし例外はある。シティグループ、コカ・コーラ、ゼネラル・エレクトリック（GE）、IBM、マイクロソフトなどでは、CMOが経営陣の主要な地位を占める。ゼネラル・ミルズ、クラフト、プロクター・アンド・ギャンブルなどの大手消費財メーカーでも、マーケティング部門が戦略立案に深く関わっている。

とはいえ、ひとたび業績が悪化すると、マーケティング部門は営業部門よりも厳しく責任を追及され、真っ先に人員削減の対象となるのも事実だ。

経済的対立と文化的対立

マーケティング部門と営業部門の摩擦は、主に二つの理由から生まれる。一つは経済的対立、もう一つは文化的対立である。前者の経済的対立は、予算が「営業およびマーケティング関連」と一まとめにくくられるため、その争奪をめぐって起こる。

営業部門はえてして、マーケティング部門の「価格」「販促」「製品」という3Pへの予算配分を批判する。たとえば価格の場合、マーケティング部門は売上目標を達成するために、「製品を売る手段として価格を用いる」のではなく、「価格そのものをアピールする」ことを営業部門に要望する。ところが営業部門は、安価な製品を望む。そのほうが顧客との交渉や販売活動がやりやすいからだ。

プライシングでも両部門は対立する。正価ないし希望小売価格、販売価格はマーケティング部門が設定するとはいえ、最終的な卸値は営業部門が判断する。割引販売をする場合などは、営業部門の責任者がマーケティング部門抜きでCFOと直談判する。これでは、マーケティング部門の面目は丸潰れだ。

販促費も摩擦の火種である。マーケティング部門は、顧客が認知し、関心ひいては好感を抱き、「購入したい」と思わせるための原資を必要としている。ところが営業部門は、多額の販促費、とりわけテレビCM費を無用の長物と見なす。営業部門の責任者は、テレビCMに大金をはたくくらいなら、その金を営業スタッフの増強や育成に充てるべきだと考える。

もう一つのP、すなわち製品についても、営業部門はマーケティング部門の企画が「顧客の望む機能、デザイン、品質が十分に備わっていない」と不満を述べる。営業部門の発想は各顧客のニーズに基づいているが、マーケティング部門は幅広い層に訴求する製品の上市に全力を注ぐ。

社内の力関係は、マーケティング部門と営業部門の予算配分という形で表れる。この点は重要である。CEOは、営業部門に多額の予算を配分する傾向がある。あるCEOは、「マーケティング部門への投資を増やす必要はないでしょう。営業スタッフを増員したほうが業績は上がるはずです」と言う。CE

Oは、営業は現実的な活動であり、短期間で成果も上がると考える。しかも、営業部門の貢献は目に見えるが、マーケティング部門のそれは判断しにくい。

文化的対立は、経済的対立にもまして激しい。一つに、両部門の人材は、時間の使い方はもとより、何から何まで違っている。つい最近まで、高学歴の人材は営業よりもマーケティングを志向する傾向が強かった。

マーケターはデータと分析を好み、プロジェクトを重視し、とにかく競争優位を築こうと努力する。業績を冷静に判断し、効果の乏しい施策は切り捨てる。ところが、マーケターの成果主義的な活動は現場から離れたところで行われているため、営業部門には見えにくい。

かたや営業担当者は、既存顧客や潜在顧客と接するために多くの時間を費やす。人間関係を築く術に長け、顧客の感触を探り、好評な製品と不評な製品を判別する。とにかく行動あるのみ、断られたからといってひるむことはない。成約こそ生きがいである。これでは、マーケティング部門と営業部門のそりが合わないのも無理はない。

インセンティブ制度が整合されないと、一見何でもないことが両部門間の軋轢を生む。たとえば、重点製品の決定である。営業部門は売上目標の達成を目指して利益率の低い製品でも攻勢をかけるが、マーケティング部門は利益率の高い製品で業績を向上させようと考える。

一般に、両部門の業績評価はまったく異なる。営業部門は、売上目標の達成だけが要求される。そして、誰が高い成績を上げたか、どの製品が売れたかは一目瞭然である。ところがマーケティング部門では、予算は人ではなく施策ごとに割り振られる。そのため各施策が競争優位に貢献したかどうかは、時間が経ってみないとわからない。

営業とマーケティングの発展四段階

経済面、文化面でのすれ違いが存在する以上、両部門が衝突しても不思議はない。実際、両部門の責任者同士の仲がよくても、必ずすれ違いが生じる。

我々の調査によれば、マーケティングと営業の関係は四つの段階に分類できる。スタッフの能力が成熟するにつれて、両部門の関係も変容する。最初は足並みが揃わず、ことあるごとにいがみ合う。やがて完全に一体化し、いさかいは影を潜める。とはいえ、マーケティングと営業が完全統合した企業は一握りにすぎなかった。

独立独歩

両部門の関係は独自に発展し、それぞれの任務と課題を背負う。対立が表面化しなければ、互いの業務内容を知ることもない。特別な場合に限って合同会議が開かれ、積極的な協力というよりは、対立の解消について話し合われる。

役割や責任を分担する

両部門の争いを避けるためのプロセスやルールを決める。言わば「親しき仲にも礼儀あり」という発想である。誰がどのような仕事をしているかは心得ているが、日常的には自部門の業務に専念する。また、「潜在顧客の定義」などの異なる見解について、共通認識を持つように努める。会議では、互いに相手に期待することを協議する。顧客向けセミナーや見本市といった大きなイベントでは、両部門が協力する。

連携

両部門の間にはいまだ溝があるものの、臨機応変に対応するようになる。計画立案の検討や研修を共同で行い、営業担当者は「バリュー・プロポジション」（提供価値）、「ブランド・イメージ」などのマーケティング用語を理解する。マーケターは、営業担当者と重要顧客の対応を話し合い、取引や営業でも一定の役割を果たす。

統合化

両部門の垣根がなくなる。組織、各種のルールや仕組み、報奨制度などを一本化して関係改善を図る。マーケティング部門は、たとえば市場動向の追跡など、将来に向けた戦略的業務に注力し、営業部門もそれに従う。

また、川上と川下で業務を分担する場合、営業部門もこれに応じる。マーケターはアカウント・マネジメント（顧客管理）にまで深く関わる。また、それぞれ業績評価指標を共有する。臨機応変な予算配分によって衝突も減り、運命共同体であるという意識が醸成される。

我々は、マーケティングと営業の関係を判定するツールを考案した（図表1-1「営業とマーケティングの関係」を参照）。これは、我々自身が調査結果への理解を深めるために考案したものだが、調査対象企業でも活用されている。客観的な判断材料がなければ、経営陣が社内の雰囲気や職場環境を把握するのは至難の業といえる。

両部門の関係を深め統合させる

営業とマーケティングの関係を理解すれば、それぞれの部門責任者はより緊密な関係を築きたいと思うはずだ。ただし、それは必ずしも必要とはいえないため、冷静に判断しなければならない（図表1-2「連携関係を発展させる」を参照）。

1 まったく当てはまらない
2 当てはまらない
3 どちらともいえない
4 当てはまる
5 まったくその通り

11	両部門の責任者が協力して、3年以上先に上市する製品やサービスの事業計画を作成する。	
12	両部門の成果を協議し、共通の尺度で評価する。	
13	お得意様への営業戦略の策定や実行に、マーケティング部門も積極的に参加する。	
14	市場動向の調査から顧客サービスに至るプロセスの決定と管理に、両部門が共同で当たる。	
15	営業プロセスから得たデータの分析と活用にマーケティング部門が協力し、売上予測の精度と販売実績の達成率を高めている。	
16	両部門の間で「運命共同体である」ことが強く意識されている。	
17	両部門のスタッフは、CRO(最高収益責任者)やCCO(最高顧客責任者)などの配下、一律に置かれている。	
18	両部門の人材交流がさかんである。	
19	研修、イベントなどの研修プログラムなどが両部門共同で実施される。	
20	マーケティングと営業がそれぞれの事業計画を経営陣に説明する際、協力して準備する。	
合計点		

得点レベル	20〜39:独立独歩	40〜59:役割と責任を分担し合う	60〜79:連携	80〜100:一体化

図表1-1｜営業とマーケティングの関係

以下の表を使えば、営業とマーケティングのコミュニケーションとコラボレーションのレベルを判定できる。両部門の責任者やスタッフに、1～20の質問について、それぞれ「1」（まったく当てはまらない）から「5」（まったくその通り）までの5段階で評価してもらう。その合計点から、営業とマーケティングの関係を判定できる。高得点であればあるほど、両部門のきずなは強く、一心同体に近い。実際、この表を用いた多くの企業で、営業とマーケティングそれぞれが抱く感度に大きな差があるという、極めて興味深い事実が明らかとなった。

1	販売実績と売上予測が乖離することはほとんどない。	
2	販売実績が売上予測を下回ったり、失敗があったりしても、マーケティングと営業が責任のなすり合いをすることはない。	
3	マーケターは、お得意様への営業に同行する。	
4	マーケティング戦略を策定する際、営業部門に参加を要請する。	
5	営業担当者は、マーケティング部門の作成したカタログ類が売上向上に寄与していることを評価している。	
6	営業部門は、マーケティング部門の要請に応じて、積極的にフィードバックを提供する。	
7	マーケティングと営業の間には、数多くの共通言語がある。	
8	アイデアの発案、市場動向の追跡、製品開発などの戦略テーマについて、両部門が定期的に協議している。	
9	セグメント別の購買行動の調査では、両部門の協力体制が敷かれている。	
10	合同会議では、意見の対立やいざこざを収拾することに多くの時間を費やす必要がない。	

図表1-2｜連携関係を発展させる

それぞれ独立独歩に活動し、役割や責任が漠然としている状態から、統合化される段階（組織形態、システム、報酬体系などが統一される）まで、マーケティングと営業の関係は実にさまざまである。互いに干渉しない状態から、役割と責任を分担し合う関係、さらには連携関係へ進むことをすべての企業が望んでいるわけでもなく、それが正しいとは限らない。下の表によって、営業とマーケティングの関係を強化すべき状況が判断できる。

	Undefined 独立独歩	Defined 役割・責任を分担する	Aligned 連携
現状維持	●企業規模が小さい。 ●組織の風通しがよい。 ●マーケティングの主たる役割は営業部門の支援である。	●カスタマイズ製品やサービスを扱う。 ●従来型のマーケティングや営業が通用する市場である。 ●変革しなければならない差し迫った明確な理由がない。	●他部門と責任を共有する意識が希薄である。 ●営業とマーケティングが、それぞれCROとCOOの配下に置かれている。 ●営業活動のサイクルが短い。
関係強化	●営業とマーケティングの関係がぎくしゃくしている。 ●業務の重複が見られる、あるいは穴が生じている。 ●ヒト、モノ、カネの争奪戦が繰り広げられている。 役割・責任を分担する関係へ	●細心の注意を払って役割分担を決めても、両部門の業務に重複ないし穴が生じる。 ●市場がコモディティ化したため、既存の営業スタッフの維持コストが高くなっている。 ●製品開発、試作品の作成、大胆なカスタム化などが営業段階で実施される。 ●製品のライフサイクルが短くなり、イノベーションが激化している。 連携関係へ	●増収策の管理と評価のために、業務プロセスの統一が可能である。 統合化へ

1 独立独歩から、役割と責任を分担する関係へ

事業部門あるいは企業そのものの規模が小さい場合、マーケティング部門も営業部門も打ち解けた関係に満足しているかもしれない。そこにあえて手を入れる必要はない。マーケティング部門の主たる役割が営業部門を後押しすることならば、なおさらである。

しかし、しばしば衝突が起こるならば、何らかの対策を講じるべきである。先述したように、両部門は稀少な経営資源を奪い合い、各々の役割が曖昧なためにぶつかり合う。この段階では、業務分担を具体的に定める必要がある。たとえば新規顧客への継続的な対応といった重点業務では、引き継ぎのタイミングもきちんと決めておくべきだろう。

2 役割と責任を分担する関係から、連携関係へ

業務分担がはっきりすれば、摩擦も緩和されよう。ある企業の営業担当役員は、「完璧ではありませんが、以前よりははるかにうまくいっています」と言う。もっとも、変化の激しい業界にあって、役割と責任の分担を決めただけでは、業績向上は望めない。

たとえば、コモディティ化が進む中、従来の営業のやり方を続ければコストはかさむ一方である。あ

るいはカスタマイズ化に対応するには、営業担当者はそのスキルを向上させなければならない。そのためには、マーケティングと営業の責任者がタッグを組むべきだろう。連携の効果を高めるには、次のような方法がある。

秩序あるコミュニケーションを促す

異なる二部門がきずなを強めるには、コミュニケーションの改善こそ第一歩である。これは単にコミュニケーションの頻度を増やすことではない。それにはコストと時間がかかり、意思決定にも手間がかかる。そこで我々は「秩序あるコミュニケーション」という概念を提唱する。

マーケティング部門と営業部門が合同で、四半期に一回、できれば毎月もしくは隔月の定例会議を開く。議題は、主要なビジネスチャンスや目の前の課題についてである。問題解決と、できれば新しいビジネスチャンスを生み出すために、次回の議題についても検討する。

両部門のメンバーは、コミュニケーションすべきタイミングはいつか、状況にふさわしいキーパーソンは誰かについて知る必要がある。会社も体系的なプロセスと指針を設けるべきである。「受注額が二〇〇万ドル以上となる場合はブランドマネジャーに相談する」「カタログ類は印刷前に必ず営業部門のチェックを仰ぐ」「マーケティングは上位一〇社のお得意様からの報告を受ける」といった具合である。

また、案件に応じて相談すべき人物の一覧をデータベース化して共有し、適宜更新を図る。あてどなく相談相手を探すのは時間を浪費するだけだ。

コラボレーションの場を設けてジョブ・ローテーションを実施する

両部門の足並みが揃ってきたら、マーケターと営業担当者がコラボレーションできる場を用意する。互いの発想や行動様式に親しむためだ。マーケター、とりわけブランドマネジャーや市場調査担当者は、顧客訪問に同行させるとよい。マーケターはまた、営業を開始する段階で、顧客向けのソリューションを検討することが望ましい。上得意への対応を協議する場にも顔を出すべきである。

営業担当者は、マーケティング戦略の策定を手伝い、商品企画に参加する。広告、販促の内容もあらかじめ聞いておくとよい。加えて、顧客の購買習慣に関する深い知識をぜひともマーケターに伝授すべきだ。

このように営業担当者とマーケターは協力しながら、各セグメントの上位顧客一〇社との取引を拡大させる戦略を策定する。そして、両部門共同でイベントやカンファレンスを企画・実行する。

マーケティング部門に営業部門との橋渡し役を置く

両部門の橋渡しを務める人物は、全員から信頼されていなければならない。争いを収め、互いの部門の「暗黙知」を共有化させるのがその使命である。橋渡し役の仕事に干渉してはならない。

アンケート調査に回答を寄せた、あるマーケティング部門のトップは、橋渡し役の仕事について次のように述べている。「営業部門に密着し、部門会議、顧客とのミーティング、顧客戦略会議など、すべての会議に出席します。マーケティング部門に出向くと、製品企画には携わらず、市場ニーズや最新動向を報告します。その後また、営業担当者やお得意様と一緒になって製品開発に取り組むのです」

マーケターと営業担当者を同じ場所に配置する

身近にいればコミュニケーションも深まりやすく、仕事上の折り合いもつけやすい。これは昔もいまも変わらぬ真実である。我々が調査したある銀行では、ショッピングモールの跡地にマーケティング部門と営業部門を移転させ、かつて売り場だったところに両部門の担当者やチームをそれぞれ配置した。

両部門の歩調を揃えるには、その初期段階で、顔を見合わせて仕事をするのが最も効果的だ。ところが、大多数の企業がマーケティング部門を本社に置き、営業部門は地域別に分散させる。このような組織の場合、両部門のコミュニケーションを高め、コラボレーションする機会を増やすには、相当の努力が求められる。

営業からマーケティングへのフィードバックに注力する

マーケターたちには、営業担当者が忙しすぎて、その経験や知見、アイデアを知ることができないという不満がある。実際、貴重な時間を割いてまで、マーケティング部門と顧客情報を共有しようという営業担当者は一握りにすぎない。実際、彼ら彼女らはノルマを課せられ、限られた時間をやり繰りしながら顧客と会い、受注を獲得しなければならないのだ。

両部門の連携を強化するには、シニアマネジャーが営業担当者に負担をかけずにその経験を活用できる仕組みをつくらなければなるまい。たとえば、一カ月あるいは四半期に一回、営業担当者たちにその知見を披露してもらうよう、マーケティング部門から営業部門長に依頼するなどだ。

ほかにも、マーケティング部門が簡単な情報交換メモを作成する、営業日報やCRMデータを見せてもらう、謝礼付きで営業担当者にインタビューし、その結果をまとめるといった方法も考えられる。

3 部門特有の文化を改善する

営業とマーケティングが連携すれば、全社的に業務効率が向上する。販売サイクルが比較的短い、販売プロセスが簡潔である、責任を共有する意識が希薄であるという状況ならなおさらである。

複雑な問題を抱え、事業環境が激化しているなら、両部門の統合を目指すべきだ（**図表1-3**「営業とマーケティングの統合度をチェックする」を参照）。事業計画、目標設定、顧客評価、バリュー・プロポジションの検討など、比較的取り組みやすい業務で協力し合うのがよいだろう。

両部門の業務プロセスや制度を揃えるのは一筋縄ではいかないとはいえ、やはり共通のプロセス、業績評価指標、インセンティブ制度などの導入が不可欠である。同時に、データベースの共有、改善の継続を促す仕組みづくりにも取り組む。

営業とマーケティングを一体化するに当たって、最大の難関は、それぞれの組織文化の改革であろう。この難題を乗り越えた企業には、次のような共通点がある。

図表1-3｜営業とマーケティングの統合度をチェックする

以下のチェックリストに掲げた項目を実行すれば、営業とマーケティングの統合が強化される。

Integrate Activities
業務面での協力関係を強化する

- □ 両部門が協力して、製品計画と売上目標を設定する。
- □ 両部門が協力して、市場セグメント別のバリュー・プロポジションを決定する。
- □ 両部門が協力して、顧客ニーズを判断する。
- □ 両部門が協力して、広告ツールを作成する。
- □ 両部門が協力して、各セグメントの最重点顧客を分析する。

Integrate Processes and Systems
業務プロセスや各種制度を統一する

- □ 共同で当たるべき業務について、管理と評価の仕組みをつくる。
- □ データベースを共有し、十分な活用とデータの更新に努める。
- □ 両部門共通の評価指標を設け、業績を判定する。
- □ 両部門の成果に十分報いるインセンティブ制度を設ける。
- □ 両部門の関係の改善に向けて、定期的に合同会議を開く。
- □ 両部門の予算会議にはそれぞれの担当役員が出席する。

Enable the Culture
風通しのよい社風を醸成する

- □ 部門間の障壁を取り除き、全社業績の責任を共有する。
- □ 業績評価指標を重視する。
- □ 成果に基づいて報酬を与える。
- □ 制度や業務プロセスの遵守を徹底する。

Integrate Organizational Structures
組織体制を統合する

- □ マーケティング部門を上流と下流の2つのプロセスに分ける。
- □ CROを置く。

- 責任の分担や体系的な計画立案の重要性を重視する。
- 業績評価指標を重視する。
- 成果主義を導入してボーナスを付与する。
- 業務のシステムやプロセスに従ったマネジメントを実践する。

連携関係を統合化へ発展させるうえで効果的な手法は、次の通りである。

CROもしくはCCOが統括する

営業とマーケティングを統合すべき最大の理由は、両部門には「売上げと利益を上げる」という共通目標があるからだ。それゆえCRO（最高収益責任者）もしくはCCO（最高顧客責任者）が統括すべきなのだ。

キャンベルスープ、コカ・コーラ、フェデラル・エクスプレスなどは、CROが全社目標に沿った両部門の販売計画の立案と実行に責任を負う。CROは、マーケティング、営業、顧客サービス、プライシングなど、売上げを左右する業務すべてを管理する。

ケロッグ、シアーズ・ローバック、ユナイテッド航空などは、CROではなくCCOが統括している。CCOに顧客の代弁者、苦情対応者のような役割を負わせる企業もある。しかしCOOの任務とは、C

RO同様、売上げに関わる業務すべてに責任を負うことである。

マーケティングと営業の業務プロセスを明確化する

マーケティングと営業は、受注を獲得し、取引関係の継続を目指して、一連の活動やイベントを実施する。それは、顧客と売り手の両方の視点からとらえることができる（図表1-4「購買意思決定に働きかける」を参照）。

マーケティング部門は通常、ブランドの認知度と好感度を高める、マーケティング戦略の策定、販売手法の開発といった初期段階の活動に責任を負う。その後、営業部門がマーケティング戦略を営業活動として展開する。このような業務分担には利点がある。わかりやすいばかりか、マーケティング部門は個別案件に深入りせずに戦略立案に集中できる。

ただし、まだ途中の状態でこれらの業務を営業部門にパスしてしまうと、深刻な問題が生じかねない。販売実績が不調になると、営業部門は戦略の不備を非難する。すると、マーケティング部門はそもそも営業活動が中途半端であると応酬する。また、マーケターが途中で販売プロセスから離れると、顧客と接する機会を持つことはできない。

しかも、営業部門にはたいてい、営業ならではの活動が存在する。とりわけCRMシステム、売上予測、取引先検討会議といった活動は販売活動の要になりつつある。しかし残念ながら、マーケティング部門はそこに関わることはない。

図表**1-4**｜**購買意思決定に働きかける**

図は、マーケティング部門と営業部門がそれぞれ顧客の購買意思決定に与える影響を表している。従来は、「顧客の認識」「ブランドの認識」「ブランドへの関心」「ブランドの優先」という最初の4段階は、マーケティング主導で運営されるべきだと考えられてきた。

マーケティング部門は、多くの人に支持されるブランドを開発し、マーケティング計画を策定して営業の足がかりを築く。それ以降の業務は営業部門に移る。

このような分担のおかげで、マーケティング部門は個別の営業案件に関わることなく、戦略的業務に専念できる。ところが、作戦の歯車が狂うと、責任のなすり合いが始まる。営業部門は「ブランディング計画に不備がある」と非難し、マーケティング部門は「営業努力や工夫が足りない」と反論する。

営業部門は、顧客の購買プロセス後半の責任を負う。すなわち「購買意欲」「購入」「ロイヤルティ」「宣伝活動」の4段階である。このうち「購買意欲」「購入」については、営業部門が独自に手順を決める。具体的には、潜在顧客の発掘、ニーズの選別、提案の準備とプレゼンテーション、契約の交渉、納品などである。

通常、マーケティング部門は潜在顧客の発掘段階で情報を提供する以外、営業活動に関わることはない。

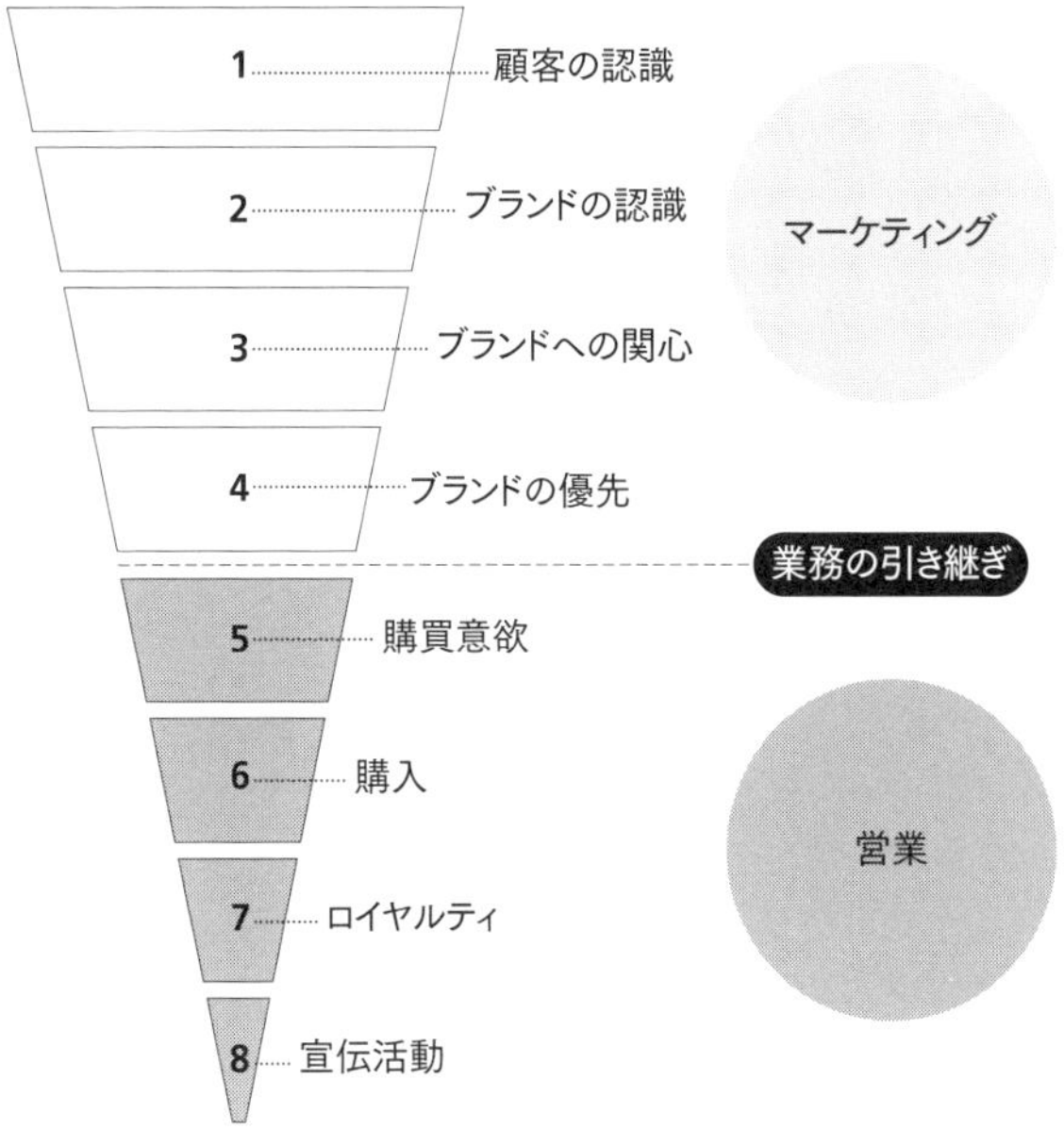

とはいえ、調査企業の一部では、マーケティング部門が営業の業務プロセスに関わっていた。たとえば、潜在顧客を選別するためのガイドラインを営業とマーケティングが協力して作成し、共有する。顧客ニーズを見極める際、マーケティングがバリュー・プロポジションについて助言する。ソリューションの開発段階では、顧客別ソリューションの検討材料として、マーケティングが組織設計やカスタマイズの方針などをまとめたソリューション・キットを提供する、などである。

また、顧客が最終判断を下す前には、ケーススタディや成功事例を紹介するほか、顧客の懸念を払拭するために現場視察に同行したり、契約交渉では戦略策定やプライシングについてアドバイスしたりする。

マーケティング部門は、営業活動を支援する以上、上位プロセスである戦略上の意思決定に関わるべきである。一方、市場セグメントの判断、セグメント別の製品販売、製品のポジショニングなどを検討する際には、営業部門はマーケティング部門やR&D部門に協力すべきだ。

マーケティング部門を二つに分ける

マーケティング部門は、戦略の立案という上流過程と、戦術の策定という下流過程という棲み分けに従って、二つのグループに分けるべきだ。戦術を担当するチームは、広告宣伝や販促活動の企画、カタログ類の作成、導入事例の収集、営業ツールなどを用意したり、潜在顧客を分類したりして、営業部門に協力する。また、市場調査やその担当者からの情報を活用して、新たな市場セグメント向けに既存製品の宣伝コピーや営業ツールを考案する。

一方、戦略を担当するチームは、顧客動向を追跡することで経営陣や製品開発部門に協力する。つまり、顧客のニーズを集め、ビジネスチャンスやリスクについて長期的な見通しを提示するのだ。加えて、自分たちの知見を関係各位に伝え、製品開発にも積極的に参加する。

売上目標を共有し、インセンティブ制度を一本化する

マーケティングと営業を統合しても、売上目標への責任を共有する仕組みがなければ、うまくいかない。あるマーケティング部門のマネジャーは、「営業部門の役に立つならば、あらゆるツールを惜しみなく提供するつもりです。結局、私の査定も、売上目標が達成されるかどうかで決まるのですから」と語ってくれた。

ただし、売上目標への責任を共有するには、インセンティブ制度の一本化という問題を避けて通れない。営業担当者の報酬は実績が基本となるが、マーケターはそのような報酬体系に馴染みがない。両部門の統合を成功させるには、インセンティブ制度を全面的に見直す必要がある。

共通の業績評価指標を設定する

マーケティング部門が営業活動に協力し、営業部門がマーケティング活動に積極的に関わるようになると、共通の業績評価指標の必要性が高まる。米国のイーゴン・インスティテュート・マーケティング

の金融市場部門長、ラリー・ノーマンは次のように述べる。「当社では顧客の信頼を得るために、マーケティングと営業の業績評価指標を統一し、それに従って事業を運営しています」

GEのように、マーケティングと営業がそれぞれ責任を負うべき売上目標を厳格に数値化している企業もある。また、両部門が円滑に統合された暁には、各部門の業績をそれぞれ評価し、相応の報奨を与えるという企業もある。

営業部門の業績評価は、その定義も測定も容易である。具体的には、売上目標の達成率、新規顧客数、受注件数、顧客一人当たり総利益、売上高販管費率などが用いられる。

下流過程を担当するマーケターが、重要顧客の営業チームの一員として参加する場合、もちろん営業部門と同一の業績評価基準を適用すべきである。では、上流過程を担当するマーケターは、どのような尺度によって評価すべきだろう。製品に関する予測の的中率か、はたまた発掘した市場セグメントの数だろうか。

マーケティングは、仕事の内容によって業績評価指標が異なる。ブランドマネジャー、市場調査担当者、顧客情報システム担当マネジャー、広告担当マネジャー、販促マネジャー、市場セグメント担当マネジャー、製品マネジャーなど、その職務にふさわしい業績評価指標が必要だ。マーケターの使命や業務が具体的であれば、業績評価指標も設定しやすい。とはいえ、上流過程を担当するマーケターは、目先の受注獲得に協力するよりも、将来に向けた事業の種まきに注力しなければならず、業績評価指標は数字のみならず、状況判断の質を問うものでなければならない。

直近の判断と将来の判断はおのずと異なり、それゆえ営業部門とマーケティング部門の業績評価指標を一本化するのは骨の折れる仕事といえよう。とりわけ、上流過程を担当するマーケターを評価するには長期的な視点が欠かせない。一方、営業担当者の使命は、言うまでもなく潜在需要を販売実績に結実させることである。

マーケティングと営業の関係が密になり、相互依存度が高まれば、統合後もこれらの難題と格闘し続けなければならない。しかし、けっして克服できない課題ではない。

＊　＊　＊

経営陣は、マーケティングと営業のコミュニケーションが悪い、十分な成果が表れていない、不平不満が多すぎると嘆く。とはいえ、すべての企業が両部門の関係の改善、連携、統合化を望むわけではないし、またそうすべきだとも限らない。

一つだけ言えるのは、両部門の間に良好な関係を築くべきであることは間違いない。綿密な計画を立てて、関係の強化を進めれば、営業だけが知っている顧客ニーズが組織の中枢にも届くようになる。このような仕組みができてこそ、顧客対応が改善されたり、会社の将来を担う製品が生まれてきたりするのだ。

また、顧客リレーションシップの構築という、習得しにくいスキルと分析スキルを結び付ける一助にもなろう。さらには、インセンティブ制度が適切に設計・運用されているのかを再考するきっかけにもなるだろう。そして何より、売上高も利益も向上するに違いない。

第2章

セグメンテーションという悪弊

ハーバード・ビジネス・スクール 教授
クレイトン M. クリステンセン
インテュイット 共同創業者兼会長
スコット・クック
アドバタイジング・リサーチ・ファウンデーション
チーフ・ストラテジー・オフィサー
タディ・ホール

"Marketing Malpractice: The Cause and the Cure"
Harvard Business Review, December 2005.
邦訳「セグメンテーションという悪弊」
『DIAMONDハーバード・ビジネス・レビュー』2006年6月号

クレイトン M. クリステンセン (Clayton M. Christensen)
ハーバード・ビジネス・スクールのロバート・アンド・ジェーン・シジック記念経営管理学教授。『イノベーションのジレンマ——技術革新が巨大企業を滅ぼすとき』(翔泳社、2001年)、『ジョブ理論——イノベーションを予測可能にする消費のメカニズム』(ハーパーコリンズ・ジャパン、2017年)など著書多数。

スコット・クック (Scott Cook)
カリフォルニア州マウンテンビューに本拠を置くインテュイットの共同創業者兼会長。

タディ・ホール (Taddy Hall)
ニューヨーク市にあるアドバタイジング・リサーチ・ファウンデーション(米国広告調査財団)のチーフ・ストラテジー・オフィサー。

セグメンテーションの弊害

毎年新発売される消費財は三万種類に上るという。そしてそのうちの九割以上が失敗している。マーケティングのプロと呼ばれる人たちが膨大なコストを投じて、消費者は何を欲しているのかを理解しようと努力した挙げ句が、このざまである。

何かが間違っているのだろう。市場調査のスタッフがあまり賢くないからなのか。広告代理店にセンスが欠けているからか。いまの消費者は理解するには難しすぎるのか。我々はそうではないと考えている。我々が学んだ市場を細分化する方法、ブランドを構築する方法、顧客を理解する方法など、旧来のマーケティング・パラダイムが徐々に崩壊しつつあるのだ。このように見ているのは、何も我々だけではない。そのような判断を下す世界一の適任者は、おそらくプロクター・アンド・ギャンブル（P&G）のCEO、アラン・G・ラフリーだろう。実際、彼ですら、こう言っている。「我々は消費者へのマーケティングを刷新しなければなりません。新しいモデルが必要なのです」

顧客に何らかのメッセージを訴求するブランドを育てるには、顧客に何らかのメッセージを訴求する商品にそのようなブランドを張り付ける必要がある。そのためには、顧客の実生活を反映させたセグメンテーション（細分化）が不可欠となる。我々は本稿で、市場セグメンテーションの原則を再構築する方法を提案する。顧客が一貫して価値を見出すような商品をどのように開発するかについても言及したい。そして最後に、収益性と持続性を伴った成長を実現するうえで、価値の高いブランドをどうすれば創造できるのかについて説明する。

マーケティングの泰斗として名高いハーバード・ビジネス・スクール名誉教授、セオドア・レビットは「消費者は四分の一インチ径のドリルを買いたいのではない。彼らがほしいのは四分の一インチの穴だ」と学生たちに教えたものだ。我々が知っているマーケターたちは、誰もがこのレビットの知見に賛同する。しかし彼らは、うなずくそばから、ドリルの種類と価格で市場をセグメントしている。穴の大きさは測らずに、ドリルの市場シェアを計算する。肝心の穴ではなく、自社のドリルの特徴や性能をライバルのものと比較評価する。そして、競争力の高い価格と市場シェアの拡大につながると信じて、新たな特徴や性能をあれこれ追加する。マーケターに任せると、往々にして問題の解決を見誤る。つまり、顧客ニーズと無関係な方法で商品を改良してしまうのだ。

顧客セグメンテーションも、これとどっこいどっこいである。マーケターたちは、法人顧客を「大」「中」「小」と企業規模で分類したり、消費者を年齢や性別、ライフスタイル別に無理やり類型化したりした後、そのセグメントを代表する顧客のニーズを洗い出し、そのニーズに対応した商品やサービスを開発しようとやっきになる。しかし、顧客は自分の意思を曲げてまで、自分が分類されたセグメントにおける平均的な嗜好に合わせて行動することはない。したがって、マーケターがデモグラフィックス（人口統計）に基づいて各セグメントを設定し、これらセグメントにおける典型的な顧客ニーズに対応した商品を設計しても、ある個人がその商品を買うか否かは知るよしもない。マーケターにできることといえば、購入の可能性を確率で示すのが関の山だ。

市場セグメンテーションは、新進の若手マネジャーたちがビジネススクールで学び、優良企業のマーケティング部門でいまなお実践されている。しかしこれこそが、イノベーションを恐ろしく勝算の低いギャンブルに変えてしまった原因なのだ。市場セグメンテーションと商品イノベーションについて考えるうえで、より賢い方法がある。市場構造は、顧客の目には極めて単純に映っている。いみじくもセオドア・レビットが言っているように、顧客は何らかの「ジョブ」を処理する必要があるだけなのだ。そこで、ジョブを処理する必要に気づくと、簡単に言えば、商品を「雇い」、自分の代わりにそのジョブに当たらせるのだ。

したがって、マーケターの役目は、顧客の実生活において、自社の商品が雇われる可能性、つまりどのようなジョブが発生するのかを理解することにほかならない。マーケターがそのジョブを理解し、それを肩代わりする商品、それに関連する購入体験や使用体験を設計し、意図した使用目的を補強する商品をつくることができれば、そのジョブを処理する必要性に気づいた顧客は、お金を支払ってその商品を雇う。

商品の企画開発者のほとんどは、このような視点から考えることはない。そのため、顧客が処理しなければならないジョブを処理するうえで何の役にも立たない商品ばかりをつくる状況が招かれる。その典型的な例をご紹介しよう。

一九九〇年代中期、本稿の執筆者の一人、スコット・クックは、あるソフトウェア商品を担当していた。それは、定年退職後のマネープランを立てるクィックン・ファイナンシャル・プランナーという個人向けソフトだった。しかし、この商品は惨憺たる結果に終わった。この商品カテゴリーでは、売上げで九〇％以上のシェアを獲得したものの、年間売上高が二〇〇万ドルを超えることはなく、ついには、市場から撤退しなければならなかった。

何がいけなかったのだろう。四九ドルという価格が高すぎたのか。もっと使い勝手を工夫する必要があったのだろうか。そうかもしれない。しかし、より事実に近い説明はこうだろう。デモグラフィックスの分析からは、多くの家族がマネープランを必要としていることが示されたが、実際にはほとんどの人々はそのようなジョブを必要であるとは考えていなかった。ここでは、定年を迎える人たちはマネープランを立てるべきであると考えられているという事実、あるいは彼ら彼女らが「マネープランを立てるべきだ」と発言しているという事実は、どうでもよい。

いまにして思えば、商品企画チームがグループインタビューのために、実際にマネープランを立てている人を見つけるのに苦労したという時点で、クックは目を覚ますべきだった。そもそも顧客にそのようなジョブを処理する意思がないところに、簡単かつ低コストを謳ってみても、成功することなどまずありえない。

顧客自身ではなくジョブを理解せよ

例外があるとはいえ、必要なジョブ、欲するジョブがどのようなものであれ、必ず社会性、機能性、情緒性の特徴がある。マーケターがこれらを正しく理解すれば、そのジョブに照準を合わせた商品を設計できる。言い換えると、購入される商品を開発したいと願うマーケターにとって、分析に欠かせない基本単位は「顧客」ではなく、「ジョブ」なのだ。

あるファストフードチェーンを例に挙げて、その理由を説明しよう。この企業は、ミルクシェークの売上げを伸ばそうと努力していた。なお、ここでは社名も商品名も伏せておく。

当初、同社のマーケターたちは、商品すなわちミルクシェークというセグメントを設け、さらにこのセグメントを、ミルクシェークを頻繁に購入する顧客のデモグラフィックスおよびパーソナリティに従ってさらなる細分化を試みた。次に、このプロファイルと一致する消費者を集めて、ミルクシェークを濃くする、チョコレート味を強める、値段を下げる、あるいは、中に入れる果物などを大きめに切るといった工夫で満足度が高まるか否かを評価した。この消費者パネル調査によって、具体的なフィードバックが得られ、同社はその結果に基づいて商品を改良した。ところが、その商品は売上げに何のインパクトも与えなかった。

別の調査スタッフは別の店舗を対象に、ミルクシェークの購入にまつわる顧客のジョブを理解しようと、朝早くから夜遅くまでそれこそ一日中観察した。彼はミルクシェークが注文されるたびに、ほかにどんな商品を購入するのか、一人で来店しているのか、あるいはグループなのか、店内でミルクシェークを飲むのか、それとも持ち帰るのかなどを記録した。

この調査によって、彼が驚いたことは、ミルクシェークの四〇%は早朝購入されていることだった。最も多く見られたパターンは、一人で早朝来店し、ほかのものは購入せず、ミルクシェークを自分の車の中で飲むというものだった。

その後、この調査スタッフは早朝の購入者がミルクシェークを手にして店を去るところをインタビューするために、再び店に足を運んだ。どのような理由でミルクシェークを購入するのかを理解したかったからだ。ほとんどの購入者のジョブは同じだった。自分で長時間運転しなければならないマイカー通勤はまったく退屈であり、気を紛らわせる何かが必要だった。また、購入した時はけっして空腹なわけではなく、午前一〇時頃にはお腹が空くことがわかっているため、昼食時まで空腹を抑えてくれるものが必要だった。購入者の一部は、急いでいるうえに、すでに作業服に着替えており、運転中はせいぜい片手しか自由に使えないという制約もあった。

この調査スタッフはさらに、「同じような状況で、ミルクシェークを買わなかった時、その代わりに何を買いましたか」と聞いた。これらマイカー通勤者はベーグルを買うこともあるらしいが、ベーグルはパサついている。かといって、クリームチーズやジャムを塗れば、指もハンドルもベタベタになってしまう。また、バナナを買うこともあった。しかし、バナナはすぐ食べ終わってしまうため、通勤の退屈さという問題を解決してくれるほど長持ちしない。ドーナッツでは一〇時を回る頃には、空腹に耐えられなくなる。

調査の結果、以上のような代替手段のどれよりも、ミルクシェークはこれらの顧客のジョブに適していることが判明した。濃度が高いミルクシェークを細いストローで吸うには約二〇分かかる。これは、通勤の退屈さを解決する手段となる。片手でも大丈夫であり、指は汚れない。さらに、一〇時までに空腹を感じる度合いも、別の選択肢より低い。ミルクシェークが健康的な食品ではないことはあまり問題ではなかった。なぜなら、ミルクシェークを購入することで処理されるジョブに、健康的という条件は必須ではなかったからである。

この調査スタッフは早朝時以外には、親が子どものためにミルクシェークを追加することが多いことに気づいた。この場合、親たちが欲したのはどのようなジョブだったのだろうか。彼ら彼女らは、子どもに何度も何度も「それはだめ」とたしなめる自分にほとほと嫌気が差している。そこで、子どもたちをなだめ、また愛情深い親であると自分自身を納得させる道具として、ミルクシェークを選んでいたのである。

しかし例の調査スタッフは、ミルクシェークはこのジョブにふさわしくないことに気づいた。親たちは自分の食事が終わった後、子どもが濃厚なミルクシェークを細いストローで一生懸命吸っている様子をイライラしながら待っていた。これが彼の目に留まっていたのだ。

極めて異なる二つのジョブのために、顧客たちはミルクシェークを購入している。ところが、マーケターたちは商品特性を改良しようと、片方あるいは両方のジョブを処理するためにミルクシェークを購入している顧客一人ひとりに質問した。こうして得られた回答を、人口統計的に設定された対象セグメントの回答とかけ合わせ、平均化したところ、誰のニーズにも合わない商品が導き出された。

顧客のジョブが理解できると、ミルクシェークをどのように改良すれば、顧客のジョブに貢献できるのか、逆に改良しても影響を及ぼさないかが明白となる。では、通勤の退屈さを軽減するジョブにどのように対処すればよいか。ミルクシェークをいっそう濃厚にすれば、より長持ちさせることが可能だ。さらに果物を混ぜ合わせるのもよい。毎朝の単調な日課に、ミルクシェークに何かが入っているという意外性、今日は何が入っているのだろうかという期待が加わる。

同じく重要なのは、このファストフードチェーンはミルクシェークの機械をレジの前に移動させ、顧客にプリペイドカードを販売すれば、この商品をより効率的に販売できることだ。そうすれば、混み合ったドライブスルーで待たされることなく、さっさと自分でボタンを押してミルクシェークをカップに入れ、店を去ることができる。

言うまでもなく、昼間や夕方のジョブに対応するには、また異なる商品を用意すべきである。顧客のジョブを理解し、提供する商品がそのジョブの役に立つように、商品の社会性、機能性、情緒性を改良することによって、ミルクシェークの代替品だけでなく、バナナやベーグルと競争しながら、本当の競争相手から市場シェアを奪い、その結果、カテゴリーが拡大する。これが大切なポイントである。

ジョブという単位で定義された市場の規模は、カテゴリーで分類された市場のそれよりもはるかに大きい。マーケターは、商品カテゴリーの規模が市場の規模であると考えているが、この心理的な誤解から抜け出さない限り、顧客と同じ視点から見た本当のライバルの姿は見えてこない。ミルクシェークの例が示している通り、典型的な顧客を理解しようと努めたところで、商品をどのように改良すべきかへの答えは出てこない。顧客のジョブを理解しないことには、それはわからない。その証拠をさらに挙げてみたい。

イーベイの創業者、ピエール・オミドヤルは同社を、オークションに参加する人たちのサイコグラフィックス（心理的特性）に合わせて設計したわけではない。人々が自分の物品を販売する一助となるべく創業したのだ。グーグルは、ほしい情報を探すというジョブを支援するために創業されたのであり、ネット検索を活用する人のデモグラフィックスに合わせて設計されたわけではない。P&Gの大ヒット商品スイッファーの場合、プロジェクトチームが実施した分析の基本単位は、床を掃除するというジョブであり、モップで掃除する人々のデモグラフィックスやサイコグラフィックスではなかった。

これほど多くのマーケターが、ジョブではなく、消費者を理解しようと努めてきたが、それはなぜだろうか。その理由の一つは、純粋に歴史的経緯に求めることができる。たとえば女性の生理用品やベビー用品市場では、市場調査ツールがさまざまに開発され、テスト市場の一部において、顧客のジョブは顧客のデモグラフィックスとあまりにぴったりと一致していたために、顧客を理解すれば、そのジョブも理解できた。ただし、このような偶然の一致は稀である。マーケティングが顧客に焦点を合わせていると、幻のニーズを追いかけるという結果に終わるケースがあまりに多い。

ジョブに焦点を絞ると新たな市場が見えてくる

顧客のジョブには、いまだ最もふさわしい商品が存在しないものも多い。革新的な企業が、そのようなジョブのために商品を設計し、しかるべきブランド・ポジショニングを実施すれば、新たな成長市場が誕生する。これまで商品カテゴリー別に市場をセグメントし、その規模を推し量っていた企業が、ジョブに基づいて分類するようになると、市場は想像以上に大きく、自社のシェアは極めて小さいことがたいてい判明する。これは、成長志向の企業にすれば、またとない朗報である。

顧客そのものではなく、そのジョブを対象に、その理解に努めることは、ソニーの創業者の一人、盛田昭夫のアプローチの柱であり、これが破壊的イノベーションを成功させた。盛田は従来型の市場調査はまったく実施しなかった。その代わりに、仲間たちと一緒に、消費者の実生活をじっくり観察し、何をしたいのか、どうしたいのかを探り、その後、ソニーの小型化技術によって、そのようなことがより簡単に、よりスムーズに、より低価格できるようになるのか、自問自答した。ウォークマンを発売する前に、当時売られていた各種カセットデッキのトレンドをただ分析していただけならば、彼は市場規模を大幅に見誤っていたことだろう。

このような話は、マーケターたちがもれなく取り組むべき行動、すなわち、「PCのスイッチを切り、オフィスの外に出て、「観察すること」を促すきっかけとなろう。その実践例として、チャーチ・アンド・ドワイトが重曹事業を発展させた方法について検討してみたい。

同社は一八六〇年代以来、アーム・アンド・ハンマーという重曹を製造している。その黄色いパッケージとハンマーを持ち上げているバルカン(ローマ神話における鍛冶神)の腕のイラストは、人々に「正真正銘の純正品」を連想させる不朽のシンボルになっている。一九六〇年代の後半、チャーチ・アンド・ドワイトの市場調査担当ディレクター、バリー・ゴールドブラットによれば、同社経営陣はアーム・アンド・ハンマーがどのようなシーンにおいて消費者のジョブに役立つのかを知るために、消費者たちを観察・調査した。その結果、少数ではあったが、商品を衣料用洗剤に加えている消費者、歯磨きに混ぜている消費者、カーペットに散布している消費者、箱のふたを開けて冷蔵庫に入れておく消費者が発見された。

実際、重曹が消費者のジョブに貢献できるシーンは膨大な数に上るが、ほとんどの人たちがアーム・アンド・ハンマーを掃除や匂い消しに使えることを知らなかった。重曹には多種多様な用途があることを考慮すると、このアーム・アンド・ハンマー・ブランド一つだけでは、ジョブと重曹の購入をつなげることは難しかった。ジョブを単位に見直したことで、重曹という商品カテゴリーは大きく成長した。現在、アーム・アンド・ハンマー・ブランドで、展開されている商品カテゴリーは、以下のようになっている。

●口腔内を清潔に、清涼感を与える、アーム・アンド・ハンマー・コンプリートケア（歯磨き）
●冷蔵庫の中の匂いを消す、アーム・アンド・ハンマー・フリッジン・フリーザー（冷凍冷蔵庫用の消臭剤）
●腋の下を清潔かつ快適に保つ、アーム・アンド・ハンマー・ウルトラマックス（制汗デオドラント）
●カーペットを清潔にし、匂いを消す、アーム・アンド・ハンマー・バキュームフリー（カーペット用脱臭剤）
●ネコの排泄物の匂いを消す、アーム・アンド・ハンマー・スーパースクープ（ネコ砂）
●衣類に新鮮な香りを与える、ランドリー・デタージェント（衣料用洗剤）

現在、重曹事業は、アーム・アンド・ハンマー・ブランド全体の売上げの一〇%に満たない。同社の株価は、ライバルに近いP&G、ユニリーバ、コルゲート・パルモリーブ三社の平均株価上昇率のおよそ四倍で上昇した。もちろんアーム・アンド・ハンマーというブランドの強みもさることながら、いずれの商品も驚くような成長を遂げている。そのカギは、消費者のジョブに基づいた商品カテゴリー化であり、またこれらのジョブを処理しなければならないと消費者が気づいた時、そのジョブにふさわしく、信頼できる商品であると認識させたコミュニケーション戦略にある。

「目的ブランド」を構築する

あるジョブを処理する必要性に、意識的に、また合理的に、あるいははっきりと気づく場合もあるが、もはや日常生活の一部と化しているため、まったく気づいていない場合もある。いずれにせよ、何らかのジョブを処理しなければならないと気づいた時、それにまさしくふさわしい商品やサービスが存在しているならば、その顧客はラッキーである。そのジョブにぴったりで、真っ先に利用されるべき商品を、我々は「パーパス（目的）・ブランド」と呼んでいる。フェデラル・エクスプレスの歴史は、目的ブランドを成功させるには、どのようにブランディングすべきかの格好の例だ。

はるか昔から存在しており、しかもほぼ未来永劫処理されるであろうジョブがある。つまり「これを、ここからあそこへ、間違いなく確実に、できるだけ速く送らなければならない」という類のジョブだ。郵便局の航空便でこのジョブを処理する顧客もいただろう。飛行機代を支払ってでも配達人を現地に向かわせなければならなかった顧客もいただろう。UPSのトラックでも十分間に合うように、かなり前もって計画する顧客もいただろう。しかし、いずれの方法も対症療法的であったり、高価であったり、確実性に乏しかったり、不便であったりで、このジョブをうまく処理するサービスを設計する者は誰もいなかった。満足なサービスを提供できる結果とならず、それゆえこの分野のブランドの評判は芳しくなかった。

そのような状況にフェデラル・エクスプレスが登場し、まさにこのジョブを処理するサービスを設計し、何度ももれなく再現してみせた。フェデックスというブランドは、このジョブの必要性が生じるたびに、人々の心に浮かび始めるようになった。こうしてフェデックスは目的ブランドになった。実際フェデックスは、このジョブと一体化し、どこの国でも通じる「フェデックスする」という動詞になっている。その結果として、このブランドの価値は極めて高い。

歯磨き剤のクレスト、スターバックス、ティッシュペーパーのクリネックス（キンバリー・クラーク）、イーベイ、イーストマン・コダックといったブランドのほとんどは、こうした目的ブランドとして出発した（**章末**「コダック：目的ブランドによる破壊的戦略」を参照）。

商品は顧客が必要とするジョブを処理し、顧客はそのことを人に伝える。こうしてブランド・エクイティ（ブランドの資産価値）は向上していく。マーケターがブランドを、ジョブを処理するという目的に結び付けないと、ブランド・エクイティは破壊されるおそれがある。

消費者に買うべき時と買うべきではない時をはっきり伝えない、ありきたりなブランドを構築した場合、消費者はそのジョブに必ずしもふさわしいとはいえない商品を採用してしまうかもしれない。これがブランドへの信頼を失う原因となる。ちょうど郵便局が何年もの間そうだったように――。

目的ブランドは、二つの顔を持った羅針盤のようなものである。一方の面は、顧客を適正な商品に導き、もう一方の面は、その企業の製品デザイナー、マーケター、宣伝広告担当者が改良品や新バージョンを開発し、マーケティングするための指針となる。優れた目的ブランドでは、目的とするジョブと関係しているのはどのような特徴や性能か、また改良しても変わらないものは何かがはっきりしている。目的ブランドにおける価格プレミアムは、この羅針盤の両面によって方向性が示されたことに顧客がすすんで支払う報酬といえる。

たとえば「男らしい」「気が利いている」「贅沢を味わった気持ちになった」「一流の」と感じたいというニーズは、我々の生活のさまざまな場面で発生する。このニーズにふさわしいジョブに気づけば、その目的に合致した商品やサービスを提供できる。したがって、グッチ、アブソリュート（ウォッカ）、モンブラン、バージンは目的ブランドである。これらのブランドは、このようなジョブを欲する顧客に、その目的をかなえる購入経験、利用経験を提供している。このような願望的なジョブは、その種類によっては、商品の機能によってこのジョブを処理するというよりも、ブランドそのものである場合もある。

広告でブランディングはできない

広告の多くが無益な結果に終わっている。広告だけでブランドが構築できるという誤った思い込みがあるからだ。しかし、広告だけでブランドは構築できない。それでも広告は、そのブランドが特定のジョブに適していることを人々に伝えることができる。

ユニリーバのアジア地域のある事業部の例を挙げて説明しよう。この事業部のマネジャーたちは、午後四時前後に、多くのオフィスワーカーに発生する重要なジョブは何か、これを突き止めようとしていた。肉体的にも精神的にも疲労しているにもかかわらず、その日の仕事が終わるまでにはまだやるべきことはいっぱい残っている。彼ら彼女らは生産性を向上させる何かを必要としている。オフィスワーカーはこのジョブのために、カフェイン飲料、チョコレートバー、ストレッチ体操、雑談などに頼っていたが、その効果は満足いくものではなかった。

そこでユニリーバは、このジョブ向けに電子レンジで調理できるスープを開発した。このスープはすぐできて、栄養価も高く、とはいえ満腹にはならず、自分のデスクで食べられる。また、電子レンジが置いてあるところまで足を伸ばすため、ちょっとした息抜きにもなる。この商品はオフィスに的を絞り、スーピースナックスという、わかりやすい商品名で発売された。しかし、結果はパッとしなかった。

そこでブランドマネジャーはおのれの第六感に従って、疲れて気だるげなオフィスワーカーがその商品を食べた後に元気を回復するシーンを映した広告を制作し、ブランドの名称をスーピー・スナックス—4:00と変更して、再度売り出した。このテレビCMを見た人々からは、「午後四時頃は私もまったくあんな感じですよ」という反応が返ってきた。必要なジョブが存在すること、そのジョブにふさわしい商品が存在することを人々に気づかせる必要があったのである。キャッチフレーズと広告によって、単に商品を説明するだけだったスーピースナックスが、目的のジョブと、そのジョブのために設計された商品特性を具体的に伝える目的ブランドへと変身した。その結果、この商品は大成功を収めた。

ここで、目的ブランドへと変わる過程において、広告が果たした役割に注目してみよう。広告はそのジョブの性格を明らかにし、より多くの人々に処理すべきジョブの存在を気づかせるうえで貢献した。また、そのジョブを処理するために設計された商品の存在を告げ、その商品名を消費者が覚えられるようにした。

ただし広告は、特定のジョブを処理するための商品設計そのもの、またそのジョブに関連する特徴や機能の改良そのものに代わることはない。優れたブランドのほとんどは、広告宣伝を始める前にすでに構築されている。ウォルト・ディズニー、ハーレーダビッドソン、イーベイ、グーグルを考えてみればよい。これらのブランドは広告に多額の費用を投じる以前から、確固たる評判を確立していた。この過程を短縮して、まるでゼロから広告によって消費者が信頼するブランドを構築しようと試みると、骨折り損に終わる。

フォード・モーター、日産自動車、メイシーズ、その他多くの企業は、企業名や商品名が潜在顧客層の意識に残るように数億ドルを投入してきた。これらの企業のほとんどの商品は特定のジョブを処理するように設計されておらず、したがって、通常はライバル商品との差別化が図られていない。以上のような企業には目的ブランドはほとんどなく、それらを構築しようという明快な戦略もない。これらの企業の経営者たちは、ブランディングに投資すれば、勝利への道も買えるのではないかという一縷の望みから、図らずも利益の中の数十億ドルを広告代理店に注ぎ込んでいる。多くの企業は新商品のブランディングには金がかかりすぎるため、もう二度と繰り返すまいと決意する。たしかに広告に頼ったブランディングは途方もなく高くつく。それは、ブランドの構築方法として間違っているからだ。

マーケティングの専門家は、「ブランド名は空っぽの言葉であり、だからこそ、そこに何らかの意味を吹き込むことができる」と好んで言う。これには要注意である。商品名に意味を持たせるには、広告こそ効果的な手段であると誤解してしまうと、結局はブランドを曖昧にしてしまうのが関の山だ。このゲームで圧倒的な勝利を収めるのは、広告代理店とメディア企業で、広告主の企業といえば、同じく曖昧なブランドで勝負しているライバルとともに、高価で際限のない広告戦争に引きずり込まれ、ついには抜け出せなくなったことに気づくことになる。

願望的なジョブを処理する目的ブランドだけは、このブランディング競争の例外である。この場合、広告が訴求するイメージを通じてブランドを構築しなければならないからだ。ところが、これは願望的なジョブにふさわしいブランディング手法であるにもかかわらず、それ以外のブランドにも、気まぐれ、かつ無駄に誤用されている。

ブランド価値はいかに高まり、いかに破壊されるか

強力な目的ブランドの構築に成功すると、社内の人間がこれをフル活用しようと、他の商品にも適用しようと試みる。これはいたし方ないことかもしれないが、そこには慎重を期する必要がある。このよ

うな拡大には、ブランドを強化するものもあれば、ブランドの価値を毀損しかねないものがある。ここで、その一般原則について示そう。

❶同じジョブを処理する別の商品を追加する

このやり方であれば、どのようなジョブを処理するブランドなのかを曖昧にしてしまう心配なく、ブランド展開ができる。たとえば、ソニーのポータブルCDプレーヤーは、その原型であるウォークマンとはまったく異なる商品だが、騒然とした世界から逃避する一助となる、という同じジョブを処理できるようにポジショニングされている。それゆえこの新商品では、このジョブを処理したい時、ウォークマンというブランドがいっそう本能的に消費者の心に浮かび上がってくる。ソニーが安閑としていなければ、ウォークマン・ブランドのMP3プレーヤーを発売して、この目的ブランドをさらに強化できていたことだろう。アップルコンピュータの目的ブランドであるiPodが、そのジョブを先んじることさえ防げていたかもしれない。

❷目的ブランドは特定のジョブ専門とする

目的ブランドを他の商品に展開するのではなく、別のジョブをターゲットとした商品を追加すると、具体的な意味を持ち合わせている目的ブランドから、「エンドーサー・ブランド」、つまり親ブランドとして、セカンド・ブランドや関連商品の信頼性を保証するブランドという別の性格を帯びていく。エンドーサー・ブランドは、品質に関する一般的な感覚を伝えられるため、マーケティングの面で一定の価値が生じる。

しかしエンドーサー・ブランドの場合、特定のジョブを処理したい人たちを、そのために設計された商品やサービスへと導く力に乏しい。適切な方向付けがなければ、顧客はそのジョブにはふさわしくないエンドーサー・ブランドを使うことになる。この結果、不愉快な経験を味わわされるはめとなり、顧客はそのブランドに不信感を抱くようになる。したがって、そのブランドに第二の名前をつけるなどして、エンドーサー・ブランドと目的ブランドを並存させない限り、エンドーサー・ブランドの価値は損なわれる。つまるところ、異なるジョブには別の目的ブランドが必要なのだ。

このことを、マリオット・インターナショナルの例を挙げて具体的に説明したい。マリオットの経営陣はこの原則に従い、さまざまなジョブに応えることで顧客から選ばれる存在になろうと、マリオット・ブランドを余すところなく活用し、最大限の効果を上げようと考えている。そこで同社は、大規模な会議を開くにはもってこいの総合サービス施設というコンセプトの下、マリオット・ブランドを構築し、このブランドを他のホテルチェーンにも展開することを決定した。

その際、二種類のブランド名を採用した。その構造は、マリオットというエンドーサー・ブランドに、新しいホテルチェーンがさまざまなジョブを処理するうえでふさわしい目的ブランドを追加するというものだった。たとえば、夜間に清潔で静かな場所を求める一般旅行者に向けたブランドが、コートヤード・バイ・マリオットである。このホテルは、出張の多いビジネスマン向けに設計されたホテルである。

一方、長期滞在者向けブランドがレジデンス・イン・バイ・マリオットである。

これら二つのホテルチェーンは、あらゆるサービスを揃えたマリオット・ホテル並みの建築や内装が施されているわけではないが、マリオットというエンドーサー・ブランドによって強化されている。なぜなら、目的とされるジョブを適切に処理しているからである。

電動工具メーカーのミルウォーキー・エレクトリック・ツールは、たった二つの商品で目的ブランドを構築している。ミルウォーキー・ソウゾールは、壁に素早く穴を開けたいが、内側の様子がわからない場合に利用する往復のこぎりである。狭い空間で穴を開けなければならない配管工事の場合には、ミルウォーキー製の直角ドリル、ホール・ホーグを使う。

同じ性能で同じ価格帯の電動工具を、ブラック・アンド・デッカー、ボッシュ、マキタなども販売しているが、いずれの企業も、先ほどのようなジョブを処理する場合に工具店の販売員の頭にすぐさま浮かんでくるような目的ブランドはない。ミルウォーキーは数十年にわたって、これら二つのジョブの市場で八〇%以上のシェアを握っている。

面白いことに、ミルウォーキーはその社名をエンドーサー・ブランドとして、丸のこ、ピストル型ドリル、研磨機、ジグソーなどの電動工具一式を揃えている。これらの耐久性や価格は、ソウゾールやホール・ホーグと同等だが、ミルウォーキーはこういった商品では、目的ブランドを構築していない。各々の市場シェアは数%足らずである。

これはまさに、目的ブランドの価値を明確にすることと、エンドーサー・ブランドが与える品質保証の暗示効果の差を示す格好の例である。通常、参入障壁として優れているのは商品性能の高さよりも目的ブランドである。なぜなら、ライバルが簡単に真似できるのは、ブランドよりも性能のほうだからである。

P&Gのクレストの苦労と成功は、顧客の求めるジョブにふさわしい商品でありながら、焦点を見失い、その後再構築を図り、強力な目的ブランドへと生まれ変わった商品の歴史を語っている。一九五〇年代中頃に発売されたクレストは、破壊的技術の典型であった。フッ素を強化した歯磨き剤の発売によって、虫歯を防ぐフッ素治療は、高価で通院が面倒な歯科医から、家庭で安価に簡単にできるように移り変わった。

P&Gはこの新商品を、既存の歯磨き剤、グリームの一角としてポジショニングすることもできたが、新しい目的ブランドを構築する道を選んだ。それがクレストであり、特定のジョブを処理する独自のポジショニングが行われた。子どもの虫歯を予防したい母親たちは、クレストという言葉を見聞きすることで、この商品が虫歯予防というジョブのために設計されていることを理解した。クレストはその通りの商品だったため、母親たちの信頼を集めることとなった。実際のところ、クレストと銘打たれていない商品には虫歯予防という効能がないのではないかと疑われたほどだ。虫歯予防といえば、誰もがクレストを連想するくらい、そのブランド価値は高まった。そしてクレストは米国のあらゆるライバル商品を追い抜き、一〇年の長きにわたって歯磨き剤市場のリーダーとして君臨し続けた。

しかし、立ち止まってしまえば、トップの座に居続けることはできない。ライバルたちはやがてクレストの虫歯予防の機能を真似して、虫歯予防をコモディティ化してしまった。他社が、風味や口内の感触を改良したり、重曹を加えたりするなど、他の特徴を改良した結果、クレストの市場シェアは失われていった。P&Gも、逆にこのような特徴を真似し、宣伝し始めた。

ところが、先のマリオットの場合と違って、P&Gはクレストのエンドーサーとしての効果に新しい目的ブランドを追加しなかった。そして、ついにはブランドの独自性も失われていった。

一九九〇年代末、クレストの新しい担当チームは、二つの破壊的イノベーションを市場に投入した。そのいずれも、独自性と具体性を兼ね備えた目的ブランドであった。第一の破壊的イノベーションは、ドクター・ジョンという新興企業を買収し、その旗艦商品である電動歯ブラシを、クレストスピンブラシという新たなブランドとして市場に再投入したことだ。この商品の価格は五ドルとしたが、当時この金額は競合商品の価格を大きく下回っていた。さらに、第二の破壊的イノベーションとして、クレストホワイトストリップスを投入した。これは、歯科医の料金をはるかに下回るたった二五ドルで、家庭でも歯のホワイトニングができるという優れ物だった。このように革新的な目的ブランドを市場投入したことで、クレストは再び成長軌道を描き始め、デンタル・ケア市場全体のシェアでトップの座に返り咲いた。

図表2「ブランドを破壊しないブランド展開」は、マーケターがブランドの価値を蝕むことなく、目的ブランドを拡充していく二つの方向性を示している。最初の方向性は、垂直軸の上方に進み、共通するジョブに対応する新規商品を開発することである。これはソニーがウォークマンのポータブルCDプ

図表2｜**ブランドを破壊しないブランド展開**

ブランドを破壊することなく、ブランドを広げる方法は2つしかない。一つは、ちょうどソニーが「ウォークマン」ブランドを展開するため、さまざまな商品を開発したように、同一のジョブのため、さまざまな商品を開発することである。もう一つの方法は、マリオットやミルウォーキーのように、関連性の高い新しいジョブを特定する目的ブランドを創造し、オリジナル・ブランドのエンドーサーとして、そのメリットを享受することである。

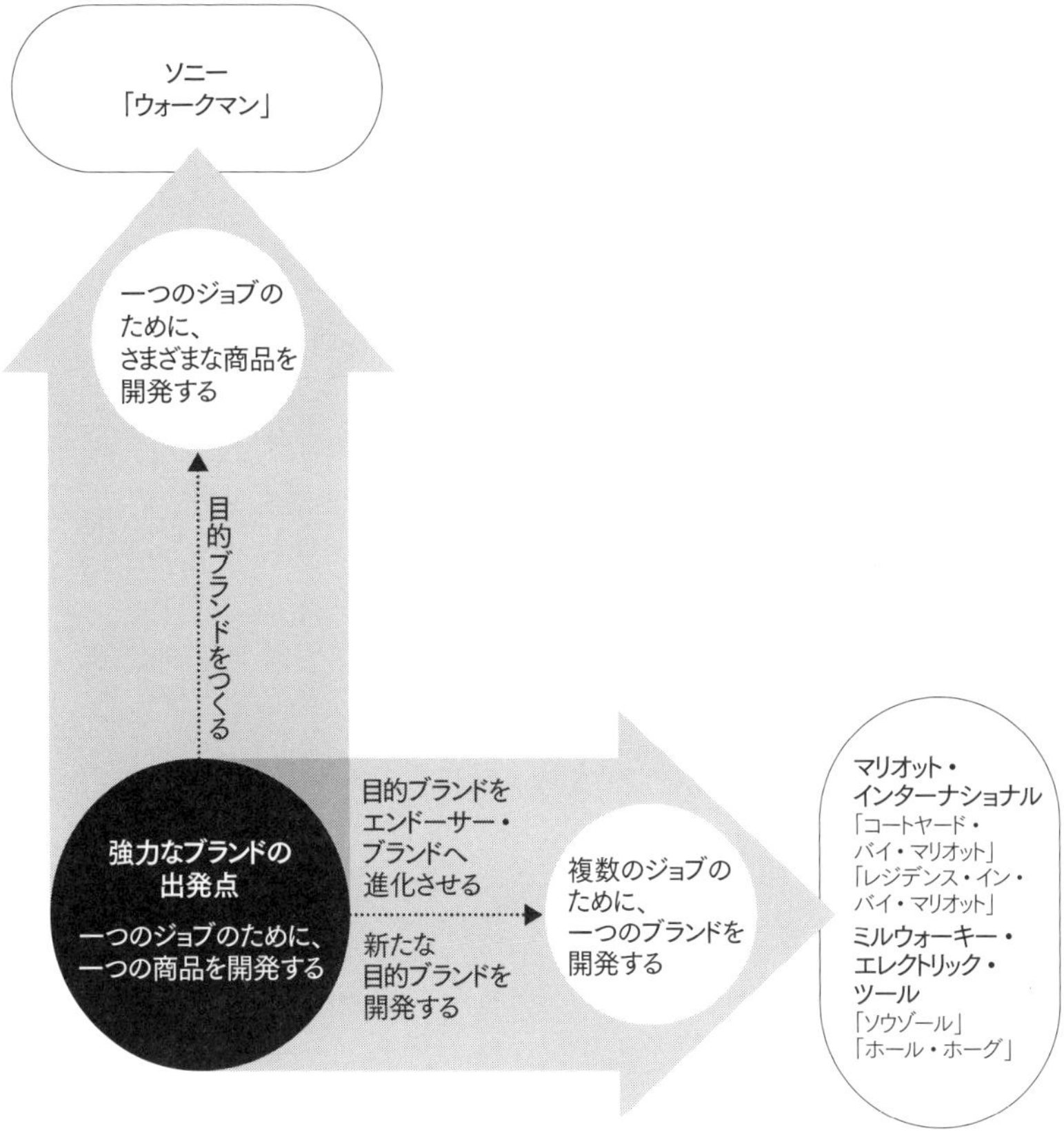

レーヤーで実践した方向性であった。

クレストの初期、つまり明確な目的ブランドだった時代、P&Gはこの方法を採用して、たとえばクレスト・ブランドのフッ素入り口腔清涼剤を導入することも可能だった。そうしていれば、クレスト・ブランドは具体的な目的を失うことはなかったであろう。ところがP&Gはこれを怠り、ジョンソン・エンド・ジョンソンがACT（フッ素入り口腔清涼剤）というブランドを開発し、虫歯予防というジョブの市場の一角に占めるのを許してしまった。

P&Gは、水平軸に沿って別のジョブに対応するためにブランド展開するという第二の方向性、すなわちホワイトニングや口臭予防などを選択したため、目的ブランドはエンドーサー・ブランドへと変身した。

自動車業界に目的ブランドが少ない理由

差別化されている、プレミアム価格がつけられる、成長の機会が創造できるという目的ブランドのさまざまな効果を考えると、意図して生み出す戦略を実践している企業が少ないのは奇妙に思えるだろう。自動車産業を例にして、その理由を考えてみよう。自動車の購入が必要とされるジョブはかなりある。ところが、これらのジョブの各市場において、目的ブランドによって明快なポジションを築いているのは、わずか数社のみである。

レンジローバーは、少なくとも最近までは、目的ブランドだった。つまり、「どのような場所でも大丈夫」という絶対の信頼を保証していた。ボルボも安全性という目的を約束している。ポルシェ、BMW、メルセデス、ベントレー、ロールスロイスはさまざまな願望的なジョブと結び付いている。トヨタというエンドーサー・ブランドは、信頼性を勝ち取ってきた。しかし、それ以外のブランドはどうだろうか。概して、それらが意味するところはわかりにくい。

例を挙げて説明したい。本稿の筆者の一人、クレイトン・クリステンセンは先頃、娘のアニーの大学卒業祝いに車を買うという、かねてからの約束を果たさなければならなかった。このジョブには、機能性と情緒性の充足が必要とされた。つまり、購入されるべき自動車は当然ながら格好のよいもので、運転していて楽しいものである必要があった。

しかし、それ以上に重要なことがあった。愛娘が危なっかしい世界に踏み出すに当たって、クレイに最も必要とされたジョブは、彼女の安全を確認できることである。そして愛しのアニーにとっては、その車を所有し、運転し、保守・点検に出すたびに、父親は自分を愛し、心配していることを頻繁に思い出すことであった。したがって、ハンズフリーの電話に対応していることは、オプションではなく必須条件である。GMのオンスター・マルチメディア・サービスならば、事故が発生すると警察だけでなく、クレイにも電話で知らせが入るが、これも重要だ。時々うっかりしているアニーに、車の点検が必要な時期を思い出させるシステムがあれば、父親の心のつかえも取れるというものだ。支払い済みのプレゼントとしてそのサービスを贈ることができれば、クレイはさらにほっと一安心なことだろう。というのはクレイ自身も時折うっかりしているからだ。

では、クレイは、トーラス、エスケープ、キャバリエ、ネオン、プリズム、カローラ、カムリ、アバロン、セントラ、シビック、アコード、セネター、ソナタ、あるいはその他の車から、どれを選ぶべきだろうか。

イメージの差別化を微妙に図ろうとして、自動車メーカーは数十億ドルを費やしてこれらのブランドを宣伝しているが、まったくクレイの助けにならなかった。ジョブに最適の商品とサービスの組み合わせを探し出すのは、非常に時間がかかり、不便だった。最終的に選んだものが目的にかなっていたかどうかについては、本稿の冒頭で紹介したミルクシェークが数年前まではそうだったように不満が残った。

ジョブという切り口で焦点を合わせると、競合商品と差別化できる。ただしそこで難しいのは、商品がどのようなジョブを遂行できるのかを消費者に伝える場合、その商品を選ぶべきではないのはどのようなジョブであるのかも同時に伝えることだ。

「焦点を絞りすぎるのは危険だ」。少なくとも自動車メーカーはそう思っているようだ。自動車メーカーは、どの車種においても、あらゆる顧客のあらゆるジョブにふさわしいという近視眼的な希望を抱き、どの言語によっても意味を表現できず、いかなる目的とも無関係な造語をあえてブランド名に採用する。

この戦略の結果は自明である。特定のジョブを完璧に処理する目的ブランドには、プレミアム価格をつけられるため、セグメンテーションで考えた市場よりも大きな市場で競争できる。これには説得力あふれる証拠がある。これとは対照的に、自動車メーカーの商品は差別化が極めて不十分であり、セカンド・ブランドは平均して市場シェアの一%にも満たない。そして、ほとんどの自動車メーカーが赤字である。誰かが間違った処方箋を渡しているのに違いない。

＊　＊　＊

いかなる企業であれ、経営陣は「利益ある成長」を果たす責任を負っている。彼ら彼女らは、ブランドは企業成長と利益目標を実現する手段であると理解している。それは間違っていない。しかし、ブランディングがうまくいくことは依然として稀である。それはなぜだろうか。

努力や経営資源が足りないからではない。市場にチャンスがないからでもない。根本的な問題として、市場セグメンテーションやブランディングに関する経営理論が間違った前提の下に展開されているからである。P&Gのラフリーの発言は正しい。モデルは崩壊したのだ。

我々は本稿において、度重なる商品の失敗、機会損失、資源の浪費という破滅的な悪循環から抜け出す方法を示すことを試みた。過去の失敗を踏襲しないと決意したマーケターは、ブランドの成功に留まらず、収益性の高い事業の成長によって報われることになるだろう。

コダック：目的ブランドによる破壊的戦略

我々は、破壊的イノベーションがいかに成長を創造するか、その可能性について、これまで何度となく説明してきた。破壊的イノベーションは既存の主力商品ほどには収益性の高くない商品やサービスであるがゆえに、業界リーダーたちは既存ブランドによる収益の毀損を恐れて、それらの導入に後ろ向きになることが多い。しかし、独創的な目的ブランドと破壊的イノベーションを結び付ける限り、このような心配は無用である。

たとえば、イーストマン・コダックが二つの破壊的イノベーションで成功したのには、まさしく目的ブランドがカギを握っていた。最初のイノベーションは、レンズ付きフィルムである。これは破壊的技術の典型だった。ただし、廉価なプラスチックレンズを使っているために、この新しいカメラは、いくらフィルムはコダック製とはいえ、良質な三五ミリカメラほどの品質は保証できなかった。また、レンズ付きフィルムを発売するに当たり、コダック内のフィルム部門から猛烈な反対が巻き起こった。最終的には、この事業をスピンオフし、このビジネスチャンスを委ねた。

こうして、使い切りカメラの目的ブランド、コダック・ファンセーバーが発売された。消費者は楽しい記憶を記録したいにもかかわらず、カメラを持っていくのを忘れた時や高価なカメラに傷をつけたくない時がある。そのような時、このカメラを利用すればよかった。このようなジョブを処理するための目的ブランドを創造したことで、差別化が図られ、意図された使用目的が明確となり、顧客たちからもたいそう喜ばれた。また、この商品のおかげで、コダック・ブランドのエンドーサーとしての力も高まった。

なお究極的には、処理すべきジョブの代替手段と比較することでしか、品質の評価は得られない。残念ながら、現在コダックはレンズ付きフィルムにおいて、目的ブランドであるファンセーバーよりも、マックスという名前を頻繁に使用している。これはおそらくフィルムが使われる目的よりも、フィルム自体の販売を重視したからであろう。

コダックはイージーシェアというデジタルカメラでも、破壊的技術による目的ブランドの構築に成功している。当初、画素数やズーム率の競争で日本のデジタルカメラメーカーと真っ向対決し、商品の差別化と市場シェアの獲得に苦闘していた。ライバルたちはどこもコーポレートブランドで広告を展開し、目的ブランドは持っていなかった。その後、コダックは「楽しさを分かち合う」というジョブに焦点を当てた破壊的戦略を採用する。そして、クレードル（スタンド式の充電器）に載せて、PCのメールソフトで「添付」をクリックすれば、それだけで友人や家族に写真を送信できる、低価格のデジタルカメラを発売した。後世に高画質の写真を伝えるというのではなく、楽しさを分かち合うというのが、その目的である。このイージーシェアという目的ブランドは、その目的のために特別に設計された商品へと顧客を導いている。コダックは現在米国のデジタルカメラの市場でトップシェアを誇っている。

【編注】コダックは一時期経営が悪化して二〇一二年に米国連邦倒産法一一章の適用を申請し、ニューヨーク証券取引所（NYSE）の上場を廃止したが、経営規模を縮小して再建し、二〇一三年にNYSE再上場した。

第3章

マーケティング近視眼

ハーバード・ビジネス・スクール 教授
セオドア・レビット

"Marketing Myopia"
Harvard Business Review, July-August 1960.
邦訳「マーケティング近視眼」
『DIAMONDハーバード・ビジネス・レビュー』2001年11月号

セオドア・レビット
(Theodore Levitt)
ハーバード・ビジネス・スクール教授。1959年から同スクールの教壇に立ち、1985～1989年『ハーバード・ビジネス・レビュー』誌編集長を兼任。1960年代に「製造業のサービス事業化」「サービスの標準化」「顧客リレーションシップ」「アフター・マーケット」「無形資産の価値」の重要性を説く慧眼ぶりは、「マーケティング界のドラッカー」とも呼ばれるゆえんである。主な著書に『T.レビット　マーケティング論』（ダイヤモンド社、2007年）。

事業衰退の原因は経営の失敗にある

主要産業といわれるものなら、一度は成長産業だったことがある。いまは成長に沸いていても、衰退の兆候が顕著に認められる産業がある。成長の真っただ中にいると思われている産業が、実は成長を止めてしまっていることもある。

いずれの場合も成長が脅かされたり、鈍ったり、止まってしまったりする原因は、市場の飽和にあるのではない。経営に失敗したからである。失敗の原因は経営者にある。つまるところ、責任ある経営者とは、重要な目的と方針に対応できる経営者である。具体例を示そう。

鉄道会社のケース：鉄道が衰退したのは、旅客と貨物輸送の需要が減ったためではない。それらの需要は依然として増え続けている。鉄道が危機に見舞われているのは、鉄道以外の手段（自動車、トラック、航空機、さらには電話）に顧客を奪われたからでもない。鉄道会社自体がそうした需要を満たすことを放棄したからなのだ。鉄道会社は自社の事業を、輸送事業ではなく、鉄道事業と考えたために、顧客をほかへ追いやってしまったのである。事業の定義を誤った理由は、輸送を目的と考えず、鉄道を目的と考えたことにある。顧客中心ではなく、製品中心に考えてしまったのだ。

映画会社のケース：映画の都ハリウッドは、テレビの攻勢による破滅から、かろうじて踏み留まっている。現実には、すべての一流映画会社は、昔の面影が残らないほどの大変革を余儀なくされ、なかには、早々と消え去った会社もある。

映画会社が危機に陥ったのは、テレビの発達によるものではなく、「戦略的近視眼」のためである。鉄道会社と同じように、映画会社も事業の定義を誤ったのだ。映画産業をエンタテインメント産業と考えるべきだったのに、映画を制作する産業だと考えてしまったのである。映画という製品は、他のもので代替などできない特殊な商品だ——こう考えてしまうと、ばかげた自己満足が生まれる。映画制作者は、初めからテレビを脅威と見てしまった。ハリウッドはテレビの出現を自分たちのチャンス——エンタテインメント産業をさらに飛躍させてくれるチャンスとして、テレビを歓迎すべきだったのに、これを嘲笑し、拒否してしまった。

今日テレビは、狭い意味に定義されていた映画産業よりも巨大な産業である。ハリウッドが、製品中心（映画の制作）ではなくて、顧客中心（娯楽の提供）に考えていたら、財政的に苦しむこともなかっただろう。結局ハリウッドを救い、最近の再起をもたらしたのは、若手の脚本家、プロデューサー、監督たちである。彼らは、かつて古い体質の映画会社を打ちのめし、映画界の大物を動揺させながら、テレビ界で名を挙げてきた。

このほかにも、事業の目的を誤って定義したために将来が危ぶまれるようになった例がある。そのうちのいくつかは、のちほど詳しく議論し、苦境に追い込んだ原因について分析してみたい。ここでは、明らかにチャンスを逸した場合でも、顧客中心の経営を徹底すれば、成長産業であり続けることができることを示したい。

デュポンとコーニングは、長い間競合関係にあった。ともにナイロンとガラスの製造に優れ、技術力が非常に高く、製品中心型の企業であることは間違いない。しかし、両社の成功は製品だけによるものではない。大昔のニューイングランドの織物会社ほど、製品中心で製品重視を打ち出していたところはなかったが、いまではその片鱗もなく消え失せてしまっている。

デュポンとコーニングの成功要因は、製品志向やR&D志向であると同時に、顧客志向に徹していたことにある。技術ノウハウを応用し、顧客を満足させるチャンスを常に探し続け、膨大な数の新製品を生み出し、ことごとく成功させてきた。顧客について鋭い目を配っていなかったら、新製品の大部分は的外れなものとなり、その販売方法も空回りしていたに違いない。

アルミニウム産業も成長を続けている。これは戦時中に設立された二つの企業のおかげである。カイザー・アルミニウムとレイノルズ・メタル（訳注：現アルコア）によって、顧客を満足させるまったく新しいアルミニウムの用途が開発されたのである。この二社が存在しなかったら、今日のアルミニウム総需要ははるかに少ないものになっていただろう。

経営の想像力と大胆さ

鉄道産業とアルミニウム産業を比べたり、映画産業とガラス産業を比較したりするのは愚かなことだと批判する人がいるかもしれない。アルミニウムやガラスはもともと生産素材で汎用性が高いのだから、鉄道や映画よりも成長の機会に恵まれていて当然だと。この考え方こそ、私が本稿で述べてきた失敗に陥らせた根本原因である。

産業や製品、あるいは技術ノウハウについて狭く定義してしまったがために、それらを十分花咲かせないままに衰退させてしまう。「鉄道産業」の場合、その意味は「輸送産業」でなければならない。輸送産業としてなら、鉄道にもまだまだ成長できるチャンスがある。鉄道による輸送だけに限定することはないからだ（もっとも、鉄道輸送は世間が考えているよりも、はるかに強力な輸送手段になりうると私は考えている）。

鉄道産業に欠けているものは、成長のチャンスではない。鉄道をここまで大きくした、経営的な想像力と大胆さなのである。ジャック・バーザン（哲学者。著作に『ダーウィン、マルクス、ヴァーグナー　知的遺産の批判』〈法政大学出版局〉など）のような素人でさえ、鉄道に欠けているものに気づいて、次のように述べている。「前世紀において最も進んだ物的社会的組織（鉄道）が、それを支えていた想像力を欠いたために、みじめで不名誉な地位に落ちていくのを見ると、慙愧《ざんき》に耐えない。いま鉄道に欠

けているものは、創意と手腕によって生き残り、大衆を満足させようという会社の意思なのである」(注1)

忍び寄る陳腐化の影

主要産業といわれるもので、ある時期に「成長産業」という名称を与えられなかった産業など一つもない。どれを見ても、その強みは、明らかに製品の優秀さにあった。有力な代替品もありそうになかった。その製品自体が既存の製品を蹴落とす代替品として、圧倒的な力を見せたのである。ところが、このような花形産業にも、衰退の影が忍び寄ってくる。あまり注目されなかったケースについて、少々触れておきたい。

ドライクリーニング産業：かつてドライクリーニング産業は、前途洋々の成長産業であった。ウール衣料全盛の時代には、衣料を傷めず簡単に洗うには、結局ドライクリーニングしかないと考えられており、その活況は長く続いた。しかし、ブームが始まって三〇年経ったいま、ドライクリーニング産業は苦境に立たされている。そのライバルはどこから来たのだろうか。より優れたクリーニング法が生まれたのだろうか。そうではない。合成繊維と化学添加剤の登場で、ドライクリーニングの必要がなくなったのである。これはまだ序の口にすぎない。化学処理を行うドライクリーニングを徹底的に陳腐化させる強力な魔法使い——超音波クリーニングが、翼を伏せて、いつでも飛び立とうと身構えているからだ。

電力事業：電力にも代替品がなく、向かうところ敵なしに成長を続けると考えられている。白熱電球の登場によって、石油ランプの時代は終わった。電動モーターの汎用性、信頼性、操作性、どこでも容易に使用できる利便性によって、水車も蒸気エンジンも粉砕されてしまった。電力事業は目を見張るばかりの繁栄を続け、家庭はいまや電気器具の展示場のようだ。向かうところ敵なしであるのに加えて、成長が約束されており、電力事業に投資しない人間などいない。

しかしよく見直してみると、万事順調というわけではない。というのは、電力会社以外で燃料電池の開発を進めている会社があるからだ。この装置は各家庭の人目につかない場所に設置され、音も静かである。この燃料電池が普及すると、住環境の美観を損なっていた電線も姿を消すことになる。街路を不断に掘り返す工事や、台風時の停電もなくなるだろう。近い将来、太陽エネルギーの研究も、電力会社以外の企業によって進められるに違いない。

こう考えると、電力会社にライバルはいない、と誰が言えるだろう。現在、電力会社が独占企業であることに間違いはないが、将来、死滅の時を迎えてもおかしくない。これを避けるには、電力会社も、燃料電池、太陽エネルギー、その他の新しいエネルギー源の開発に努めなければならない。生き残りをかけて、現在の糧をみずから陳腐化させなければならないのである。

食料品店：昔、「街角の食料品店」と呼ばれ、かなり繁盛していた店舗があったことを、ほとんどの人は覚えていないだろう。スーパーマーケットの効率性がこのような食料品店を押し潰してしまったのである。

一九三〇年代、このスーパーマーケットの攻勢から何とか逃れられて存続できたのは、大規模食料品チェーン店だけであった。最初の本格的なスーパーマーケットは、一九三〇年にロングアイランド州ジャマイカで生まれた。一九三三年までには、カリフォルニア、オハイオ、ペンシルバニアその他の各州に広がっていった。ところが、既存の食料品チェーン店は尊大に構えたまま、スーパーマーケットの成長を無視した。その後、やっとその存在に気づいた時でさえ、「安売り屋」「荷馬車行商人」「素人商店経営」さらに「商人道徳のない一発屋」といった表現で嘲笑したのである。当時、ある大規模チェーン店の経営者は次のように言った。「人々が何マイルもの遠方から食品を買いに来るなんて信じられない。チェーン店の行き届いたサービスには奥様たちも馴染んでくれていて、それを犠牲にすることはありえない」(注2)

一九三六年になっても、全国食品卸商会議やニュージャージー州食品小売商協会は、スーパーマーケット恐れるに足りず、とばかりにこう宣言している。「スーパーマーケットは価格の安さを求めて来店する顧客に受けているのだから、市場規模は限られている。だから、周囲数マイルもの広い地域を商圏にしなければならない。商圏内に競合店が現れたら、互いに売上げが落ち、ついには大型倒産が起こるだろう。現在、売上げが伸びているのは、一つには物珍しさからだろう。消費者は、家の近くの便利な店がよいに決まっている。もし近所の食料品店が仕入先と協力し合って、コストに注意を払うと同時にサービスもさらに改善すれば、スーパーマーケットとの競争に耐え抜いて、やがて嵐も収まるだろう」(注3)

ところが、嵐は収まらなかった。食料品チェーン店が生き残るためには、みずからスーパーマーケット事業に進出せざるをえないことに気づいた。この意味することは何か。それは、食料品チェーンがいままでに街角の店の敷地や、独特の配送方法、マーチャンダイジング方式に投資してきた巨額の金がすべて無駄になるということなのだ。しかし、信念を貫く勇気を持ったいくつかの食料品チェーン店は、街角店の原理に固執した。彼らは誇りを捨てなかったが、無一文になってしまった。

成長産業など存在しない

記憶とは忘れ去られやすいものだ。たとえば今日、エレクトロニクス産業と化学工業を救世主と確信して歓迎している人たちが、急成長しつつあるこれら産業にも、やがて不吉の影が忍び寄るだろうと気づくことなどできるはずもない。

ある経営者などは——大変先見性に長けていたが——かつて近視眼にかかったことをすっかり忘れてしまっている。この経営者とは五〇年前に、ボストンに在住していた有名な大金持ちである。彼は遺言状に「自分の全資産は永久に市電事業の株だけに投資すべし」と書いたがために、相続人たちを図らずも貧困に追いやってしまった。「市電は効率のよい都市交通機関であるから、永久に莫大な需要がある」という死後公表された彼の言葉は、ガソリンスタンドの給油係としてやっと生活を支えている彼の遺産相続人にとって、何の慰めにもならない。

ところが、私がトップマネジメントを対象にたまたま実施した調査では、その半数が「自分の財産をエレクトロニクス産業に永久に投資させるとしても、相続人が困ることはない」と考えていた。そこで私がボストンの大金持ちが市電事業に投資させた例を挙げると、口を揃えて「それは別の話だ！」と言った。はたして別の話なのだろうか。基本的には同じではなかろうか。

実は成長産業といったものは存在しないと私は確信している。成長のチャンスを創出し、それに投資できるよう組織を整え、適切に経営できる企業だけが成長できる。何の努力もなしに、自動的に上昇していくエスカレーターに乗っていると思っている企業は、必ず下降期に突入する。すでに死滅したか、死滅しつつある成長産業の歴史を調べてみると、急激な拡大の後に思いがけない衰退が訪れるといった、思い違いの繰り返しである。なぜこの繰り返しが起こるのか。そこには共通する四つの条件がある。

❶人口は拡大し、さらに人々は豊かになり続けるから、間違いなく今後も成長すると確信している。

❷当産業の主要製品を脅かすような代替品はあるはずがないと確信している。

❸大量生産こそ絶対だと信じ、生産量の増加に伴って、急速に限界コストが低下するという利点を過信している。

❹製品は周到に管理された科学実験によって、どんどん品質が改良され、生産コストを低下させるという先入観がある。

これら四つの条件の一つひとつについて、詳しく検討してみたい。できるだけ要点を明確にするために、三つの産業――石油、自動車、エレクトロニクス――なかでも、長い歴史を持ち、有為転変を繰り返してきた石油産業について、詳しく述べることにしよう。これら三つの産業は、評判もよく、慧眼の投資家たちの信頼も得ている。さらに経営者たちが、財務コントロールやR＆D、管理者研修といった分野で進歩的な考え方を持っているとされる。もし、これらの産業でさえも陳腐化が忍び寄るとしたら、他の産業は言うまでもない。

人口増加という危うい神話

人口は増え続け、しかも人々が豊かになるので、利益は保証されているという確信はどの産業でも根強い。しかし、この確信ゆえに、未来への判断を鈍らせてしまう。消費者の数が増え続け、製品やサービスをどんどん買ってくれるとしたら、市場がだんだん先細りになる場合に比べれば、未来を安易に考えるのも無理はない。市場が拡大している時には、メーカーは真剣に思考したり、想像力を働かせたりはしない。問題があれば知的に反応することを思考だとするなら、問題がなければ思考は停止してしまう。もしひとりでに拡大する市場があるとしたら、どのようにして市場を拡大すべきかなどと真剣に考えたりしないだろう。

これについて興味深い事例がある。石油産業には、米国で一番古い成長産業という、輝かしい歴史がある。現在、その成長性を危ぶむ説もあるが、石油産業自体は楽観的な見方を取り続けている。とはいえ石油産業にも、他の産業と同じ基本的な変化が訪れているはずである。成長を続けることが難しくなっているばかりでなく、他の産業に比べると衰退産業と言わざるをえない現実がある。まだ人々は気づいていないが、二五年以内には、鉄道がいま直面しているような過去の栄光を懐かしむ立場に追い込まれるのではないだろうか。投資評価のＮＰＶ（正味現在価値）法の開発と応用、社員との関係や発展途上国との合弁事業などで見せたパイオニア的な業績にもかかわらず、自己満足と頑迷さとが、いかにチャンスを台無しにするかという、悲劇的な事例となってしまっているかもしれない。

増大する人口が望ましい結果につながると信じてきた産業、また同時に強力な代替品は存在しない素材製品を持っている産業の特徴とは何だろう。業界内の各社は既存の製品や販売方法を改良することで、他社よりも一歩先んじようと努力する。もちろん、顧客が製品特性だけで製品を比較するために、売上高が国の人口数と比例するというのであれば、この努力も意味があるだろう。

ジョン・Ｄ・ロックフェラーが中国へ石油ランプを無料で送って以来、石油産業は何一つ際立った需要創造の努力をしてこなかった、という事実を無視してはいけない。実際には、製品改良にさえ、これといった実績を残していないのである。ただ一つ最大の改良、テトラエチル鉛の開発も、石油産業以外――ゼネラルモーターズとデュポン――から生まれたものだ。石油産業の大きな貢献といえば、油田探査や採油、精製の技術くらいなものである。

つまり、石油産業の努力は石油の採掘と精製の効率改良にのみ向けられ、石油製品そのものの品質改良やマーケティングの改良に対しては、何もしてこなかったのだ。さらに、主要製品をガソリンというごく狭い範囲に限定しており、エネルギー、燃料、輸送用の資源という、幅広い定義をしなかった。その結果、次のようなことが起こった。

●ガソリンの品質についての大きな改良は、石油産業から生まれなかった。優れた代替燃料（後述する）の開発も、石油産業によるものではない。

●自動車燃料のマーケティングを変革したのは小さな石油会社によるもので、この会社は石油の採掘や精製とは無縁だった。給油ポンプを多数設備したガソリンスタンドを次々とつくり、広くて清潔な店舗レイアウト、スピーディで効率的なサービス、良質なガソリンの廉売に力を傾け、成功を収めた。

このように石油産業は難問を抱え込むことになった。いずれも石油産業以外から持ち込まれたものである。遅かれ早かれ、この産業にリスクを恐れない革新者や起業家が現れ、危機がもたらされることは間違いない。この危険性をもっとはっきり示そう。次に挙げる、経営者の多くが抱いている危険な確信に目を向けてみればわかる。これは最初の確信と密接な関連があるので、いま一度石油産業を例に取ることにする。

代替品が現れない製品はない

石油産業には、その主要製品であるガソリンに匹敵するような代替品はなく、しいて挙げればディーゼル燃料やジェット燃料など原油からの精製品だろう、と一般的に考えられている。

この考え方は、多分に希望的観測によるものだ。問題は、ほとんどの石油精製会社が膨大な量の原油を貯蔵していることにある。貯蔵原油に価値があるのは、原油を原材料とする製品の市場が存在している時だけだ――したがって、原油からつくられる自動車用燃料の競争優位は揺るがない、という確信が生まれたのである。

過去の歴史上の事実は、この確信が誤っていると教えている。にもかかわらず、この確信は根強い。歴史が証明しているように、石油はどんな目的にも長期間にわたって優れた製品であったことはない。それどころか、石油産業は成長産業であり続けたこともない。成長、成熟、衰退という通常のサイクルを経た事業の連続にすぎない。石油産業が生き延びてこられたのは、幸運が続き、陳腐化の底に落ち込むのを奇跡的に救ってくれたからだ。ちょうど使徒パウロが危機に陥った時に、土壇場で思いがけなく刑の執行が延期されたようなものである。主なエピソードだけを挙げていこう。

石油ランプの衰退：当初、原油は主に売薬として使われていた。薬としての人気がまだ続いているうちに、石油ランプが使われるようになり、需要は拡大した。石油ランプは世界中に普及するという予想から、需要の飛躍的な拡大が見込まれた。現在、ガソリンがこれと似た状況にある。世界中至るところでガソリンが必要になるという見通しは、はたして正しいのか。発展途上国の国民が一台ずつ車を持つ日は、いったいいつ訪れるのだろうか。

石油ランプの時代、それを改良するため、石油会社同士で競い合っていた。あるいはガス灯相手に競争していた。ちょうどその頃、突然信じがたいことが起こった。エジソンが、石油がいらない照明器具、白熱電球を発明したのである。もし当時、暖房用の石油需要が増えなかったら、エジソンの白熱電球が石油を完全に成長産業の座から引きずり降ろしていただろう。暖房以外では、機械の潤滑油くらいの用途しかなかったからである。

セントラルヒーティングの出現：その後再び危機に見舞われたが、石油産業は踏み留まることができた。二つの大きなイノベーションが起こったのだが、そのどちらも石油産業から生まれたものではなかった。石炭を燃料とする家庭用セントラルヒーティングシステムの開発により、これまでの暖房機は陳腐化してしまった。石油産業があわてふためいているうちに、強力な救いの手が差し伸べられた——内燃機関の発明である。この発明もまた石油産業によるものではない。

内燃機関によるガソリンの膨大な需要は、一九二〇年代になって横ばいになり始めたが、セントラルオイルヒーティングの出現で、またしても奇跡的に救われた。前回と同様、この発明と開発を担ったのは石油産業ではない。この市場が衰えてきた時、航空機用のジェット燃料という戦時需要が救いの神として現れた。戦後は、民間航空の発達、鉄道のディーゼル化、乗用車およびトラックの爆発的な需要に支えられて、石油産業は高い成長を維持し続けた。

天然ガスの脅威：セントラルオイルヒーティングについては、将来ブームになりそうだと最近言われ始めている。だがすでに、天然ガスとの激しい競争が始まっている。石油と競合するようになった天然ガスを所有しているのは、ほかならぬ石油会社だが、率先して天然ガスへの移行に取り組んでおらず、天然ガスを所有しているという特権を利用しようともしていない。天然ガスへの移行に取り組んでいるのは、新しく生まれたガス販売会社である。積極的に天然ガスを市場に売り込んでいる。当初、ガス販売会社は石油会社の警告を無視し、石油会社の抵抗を物ともせず、輝かしい新産業のスタートを切ったのである。

筋から言えば、天然ガスへの移行を主導すべきだったのは、もちろん石油会社である。彼らは、天然ガスを所有しているだけではない。天然ガスの処理、不純物の除去、使用法、そしてパイプラインの技術と配給に関する経験があるのも彼らだけなのである。暖房について最も理解しているのも、石油会社である。だが、天然ガスが暖房用石油と競合するという理由もあって、天然ガスの将来性を無視してしまったのである。

天然ガスへの移行は、最初、石油パイプライン会社の経営幹部によって始められた。ガス販売を上申したが、受け入れられなかったためいさぎよく退社し、天然ガス販売会社を発足させ、見事に成功させたのである。この成功が石油会社の頭痛のタネとなった後でも、彼らは天然ガスの販売に踏み切ろうとはしなかった。自分のものであったはずの何十億ドルもの事業は、他人の手に渡ってしまった。過去もそうであったように、石油産業は石油という特定製品、その貯蔵の価値だけに目を奪われていた。もちろん顧客の基本ニーズと嗜好については、ほとんど注意を払ってこなかった。

第二次世界大戦後の数年間は、無風状態だった。その直後には、旧来の製品ラインの需要が急速に拡大したため、未来はバラ色だった。一九五〇年には、国内需要の年間成長率を約六％と踏み、それは少なくとも一九七五年まで続くと予想した。（共産圏に対する）自由経済圏の原油埋蔵量と需要の割合が二〇対一であったにもかかわらず、米国ではその割合が一〇対一と考えられていたこともあって、石油需要ブームが起こり、将来的な見通しもないまま、油田探しに狂奔し始めた。

一九五二年、中東で大油田が発見された。埋蔵量と需要の割合は、一挙に四二対一になった。もし、過去五年間の埋蔵量の平均増加率（年間三七〇億バレル）がこのまま続くとしたら、一九七〇年には四五対一になる。石油の過剰が明らかになったため、世界中で原油と石油製品の価格は軟化した。

幸運を呼び込む方法

今日、石油化学産業が急速な勢いで発展しているからといって、石油会社の経営者は安穏としてはいられない。石油化学工業もまた、大手石油会社が手掛けたものではないのだ。米国全体の石油化学製品の生産高は、全石油製品の需要量の約二％にすぎない。石油化学工業は年間約一〇％成長すると見込まれているが、この程度では他の面での原油消費量の落ち込みをカバーできるものではない。

石油化学製品は種類も多い。それぞれ成長しているとはしても、石炭など石油以外の基礎原料があることも忘れてはならない。そのうえプラスチックなどは、比較的少量の石油から大量に生産できる。石油プラントの効率性を考えると、最低一日五万バレルを精製しなくてはならないが、石油化学工業では、一日五〇〇〇バレルの石油消費が最大規模である。

石油は、過去においても常に成長産業であったわけではない。石油産業以外のイノベーションや開発に奇跡的に救われて、思い出したように成長したにすぎない。なぜ石油産業は成長路線をスムーズに歩めなかったか。優れた代替品が登場するおそれはないと業界が考えるたびに、石油は製品としての優位性を失い、陳腐化の道をたどらざるをえなかったからである。これまでのところ、ガソリンは自動車用燃料としては、この陳腐化の運命から逃れている。しかし、後述するように、ガソリンもまた、やがて瀕死の床に横たわるはずである。

以上の話のポイントを指摘すると、製品の陳腐化を免れる保証は何もないということだ。たとえ自社の製品研究では陳腐化が起こらなかったとしても、他社の技術開発によって陳腐化することもある。石油産業のように、特別な幸運に恵まれない限り、やがては赤字の泥沼に落ち込んでしまうことは目に見えている――ちょうど鉄道がそうだったように。馬車のムチ製造業がそうだったように。街角の食料品店がそうだったように。映画会社がそうだったように。そうした例は数え切れないほどある。

幸運に恵まれるには、みずからで幸運をつくり出すのが最良の方法だ。そのためには、事業を成功させる要因を知らなければならない。それを妨げる最大の敵の一つが大量生産である。

マーケティングは販売とは異なる

大量生産型の産業は、できる限り生産量を増やそうとする。生産量の増加に伴い、急速に製品の限界コストが低下する魅力には、どんな会社でも抗し切れるものではない。それがもたらす利益の増大は何よりも素晴らしい。したがって、企業努力は生産に集中し、その結果、マーケティングは軽視される。ジョン・ケネス・ガルブレイスはこれと逆の現象が起こると言う。(注4)生産量が膨大になるので、市場で処分するために懸命な努力がなされる、というのだ。彼によれば、騒がしいコマーシャルが流れたり、田園風景が広告で汚され、浪費としか思われない低俗な販促手法が取られたりするのは、このためだという。

ガルブレイスは一面の真理を突いているが、戦略的な面で過ちを犯している。大量生産が製品の「移動」に圧力をかける原因であることは間違いない。しかし通常、そこで強調されるのは販売であって、マーケティングではない。マーケティングは販売よりも高度で難しい機能なのに無視されるのだ。

マーケティングと販売は、字義以上に大きく異なる。販売は売り手のニーズに、マーケティングは買い手のニーズに重点が置かれている。販売は製品を現金に替えたいという売り手のニーズが中心だが、マーケティングは製品を創造し、配送し、最終的に消費させることによって、顧客のニーズを満足させようというアイデアが中心である。

産業によっては、大量生産の能力を最大限に利用したいという誘惑にかられ、何年もの間、経営トップが販売部門に発破をかけてきた。「製品を余すところなく売りまくれ。そうしないと利益が出なくなるぞ」

対照的に、真のマーケティングマインドを持った企業は、消費者が買いたくなるような値打ちのある製品やサービスを創造しようとする。売ろうとするのは、製品やサービスそのものだけではない。それがどのような形で、いつ、どのような状況下で、どのような取引条件により、どのように顧客に提供されるのか、ということも含めて、すべてを売ろうとするのだ。

最も重要なことは、企業が売ろうとするものが、売り手によって決まるのではなくて、買い手によって決まるという点である。売り手は買い手からの誘導によって動くのであり、売り手のマーケティング努力の成果が製品になる。けっしてその逆ではない。

大手メーカーの大量生産至上主義

ここまで述べたことは、事業運営の基本ルールとして守られているように聞こえるが、事実はまったくほど遠い。ルールは守られるというよりも破られていると言ってよい。自動車産業を例に取ろう。自動車産業といえば、大量生産の代名詞といえ、その社会的影響力は最も大きい。顧客重視の姿勢が特に求められるので、毎年モデルチェンジが必要になる。この過酷な要求を福に転じたのが自動車産業である。自動車メーカーは、年に数百万ドルを消費者調査に費やしている。しかし、新しく出現したコンパクトな小型車が発売初年度から大変な売れ行きを示している事実を見ると、こうした調査は、消費者の真のウオンツをつかめていなかったと言わざるをえない。小規模メーカーに数百万の顧客を奪われるまで、大手メーカーは、消費者が別の車を求めていることを理解しようとはしなかったのである。

長い間、消費者のウオンツとかけ離れた車しかつくれなかったのはなぜだろうか。消費者の嗜好の変化を調査が指摘できなかったのはなぜか。実際に小型車が売れるまで気づかなかったのである。事実が起こる前に今後何が起こるかを発見することこそ、消費者調査の目的ではないのか。

答えはこうだ。自動車メーカーは消費者のウオンツなど調査していなかったのである。前もって自動車メーカーが売り出そうと決めておいた車のうち、どれを消費者が好むのかを調査していたにすぎない。自動車メーカーは製品中心主義であって、顧客中心主義ではなかった。メーカーが満足させられる顧客ニーズであれば、その限りで製品は手直しする。それでメーカーの任務は完了すると考えたのである。時には、消費者のための金融に力を入れることもあったが、顧客が購入できるように配慮するというよりも、一台でも多く売ることが目的だった。

顧客のニーズが考慮されていないという例は書き切れないほどたくさんある。なかでも無視されてきたのが、販売の問題と自動車の修理・メンテナンス問題である。大手メーカーは、これらの問題は、二義的な重要性しか持たないと考えている。自動車産業の末端機関である小売店および修理サービス店は、メーカー組織の一部として経営もされていないし、コントロールもされていないのだから、それは明らかである。工場から出荷された後、自動車はけっして行き届いているとはいえないディーラーの手に委ねられる。

自動車メーカーの末端機関への無関心さを物語る事実を一つ挙げてみよう。修理サービスは販売を刺激し、利益獲得のチャンスでもあるが、シボレー七〇〇〇店のディーラーのうち、夜間の修理サービスを行っている店は五七店しかない。

消費者は、修理サービスについての不満を口にし、現行の販売体制の下で車を購入することには不安があると言っている。車の購入時や修理時の心配事は、おそらく三〇年前よりも深刻になっており、その数も増えているに違いない。それでも自動車メーカーは、不安に悩む消費者の声に耳を傾けず、消費者から指針を得ようともしていない。耳を傾けるとしても、生産中心という偏見のフィルターを通して解釈してしまうことだろう。マーケティングを、製造の後に続く必要な努力としか考えていないのだが、本来あるべき姿はその逆である。そう考える背景にあるのは、利益は低コストのフル生産でのみ生まれるといった偏狭な見方である。

ヘンリー・フォードはマーケティング第一主義

大量生産が利益を生むという考え方は、経営計画や戦略の中に組み込まれてしかるべきである。だがそれは、顧客について真剣に考えた後のことである。この点こそ、ヘンリー・フォードの矛盾した行動から我々が学ぶべき教訓である。彼はある意味で、米国史上、最も優れたマーケターであると同時に、最も非常識なマーケターだった。黒以外の色の車を販売しなかったという点では非常識だが、市場ニーズに適合した生産システムの設計をリードしたという点では優れている。

世間は決まってフォードを生産の天才としてほめるが、これは適切ではない。彼の本当の才能はマーケティングにあった。フォードの組立ラインによってコストが切り下げられたので売価が下がり、五〇〇ドルの車が何百万台も売れたのだ、といわれている。しかし事実は、フォードが一台五〇〇ドルの車なら何百万台も売れると考えたので、それを可能にする組立ラインを発明したのである。大量生産は、フォードの低価格の原因ではなく、結果なのだ。

フォードは繰り返しこの点を強調したが、生産中心主義の経営者たちは、彼の偉大な教訓に耳を貸そうとはしなかった。フォードがその経営哲学を簡潔に述べた文章を紹介しよう。

「当社のポリシーは、価格を引き下げ、事業を拡大し、製品を改良することである。価格の引き下げを第一に挙げたことに注意してほしい。当社は、コストが固定的だと考えたことはない。だから、さらに売上げが増えると確信するところまで、まず価格を引き下げる。その後で、その価格で経営が成り立つよう懸命に努力している。当社はコストで頭を痛めることはない。新しい価格が決められると、それにつれてコストを下げるからである。

コストを積み上げて価格を決めるという通常の方法は、狭い意味では科学的かもしれないが、広い意味では科学的ではない。なぜなら、いくら詳細にコストを計算しても、それに基づいた価格で製品が売れないとしたら、そのコスト計算は何の役にも立たないからである。コスト計算は誰でもするし、当社ももちろん詳細にコスト計算をしている。重要なことは、コストがどうあるべきかについては、誰にもわからないという事実なのだ。

それを発見する一つの方法は（中略）まず価格を低いところに決め、その価格で経営が成り立つよう、全員が最も効率よく働かざるをえないようにすることだ。低い価格を定めれば、誰もがその価格で利益を捻出しようと努力する。このように追い込まれた状況の中で、製造方法や販売方法について発見を重ねていくのであって、時間をかけてゆっくりと調査研究した結果ではない(注5)」

製品偏重主義の罠

生産にかかる限界コストさえ低くすると、何とか利益が出るという考え方は大変な思い違いで、会社をだめにする。特に需要の拡大する成長企業では、マーケティングや顧客を重視しない傾向がある。このような狭量の偏見から生じるのは、成長ではなく衰退である。常に変化し続ける消費者ニーズや嗜好に対して、製品がうまく対応できなくなるに違いない。自社の既存製品しか目に入らないため、その製品が陳腐化しつつあることに気づかないのである。

その古典的な例が、馬車のムチ製造業だ。製品改良をいくら試みても、死の判決から逃れることはできなかった。しかし、馬車のムチ製造ではなく、輸送を事業ととらえていたら、生き残れていたかもしれない。存続に必要なこと、すなわち変革を試みていたかもしれない。輸送事業といかないまでも、動力源に対する刺激、あるいは触媒を提供する事業だと定義していたとしたら、ファンベルトかエアクリーナーのメーカーとして生き残れたかもしれない。

いつの日か、石油産業も同じような古典的事例になるかもしれない。石油産業は、素晴らしいチャンスを他の産業に盗まれてきたので（たとえば、天然ガス、ミサイル燃料、ジェットエンジン用潤滑油）、二度と同じ過ちは繰り返さないだろう、と誰もが考えているのではないか。

しかし、事実は違う。馬力の大きい自動車用に設計される燃料システムにおいて、画期的な開発がなされつつあるが、ほとんどが石油会社以外の企業によるものだ。石油産業は石油と結び付いた幸福にうつつを抜かし、こうしたイノベーションを無視してしまっている。石油ランプが白熱電球に直面した時の話と同じである。現在石油産業は炭化水素燃料の改良を試みているくらいで、石油以外の原料であろうとなかろうと、ユーザーのニーズに一番適合した燃料を模索することなど、何ら試みていない。石油産業以外で目下行われている開発の例を、いくつか挙げてみよう。

●一〇社以上で、エネルギーシステムの試作を進めており、これが完成すると従来の内燃機関に取って代わり、ガソリンの需要はなくなるだろう。これらシステムの優れた特徴は、燃料補給の際に作動を止める必要がないため、時間を無駄にしてイライラすることがなくなる点だ。システムのほとんどは、ガソリンを爆発させる方式ではなく、化学物質から直接電気エネルギーをつくり出す燃料電池である。水素や酸素など、石油から精製されるものとは違う化学物質が使われることが多い。

●ほかにも数社が大馬力の自動車用バッテリーを試作し始めている。そのうちの一社は、数社の電力会社と共同研究している航空機メーカーである。電力会社としては、電力消費の少ない深夜にバッテリーを充電させることで、ピーク時以外の発電能力を利用したいということだ。補聴器用の小型バッテリーに長い経験を持つ中規模エレクトロニクスメーカーも、自動車メーカーと共同でバッテリーの開発に取り組んでいる。また、ロケット用に高出力で小型の動力貯蔵装置が必要なため、最近改良が進められているのが、大きな負荷や電流の乱れにも耐えられる、比較的小型のバッテリーである。これも実用化が近いと思われる。ゲルマニウム・ダイオードの応用や焼結した金属板を使ったバッテリー、そしてニッケル・カドミウムの技術は、現在使用されているエネルギー源に革命をもたらすに違いない。

●太陽エネルギーシステムも注目を集めつつある。ふだんは発言に慎重な大手自動車メーカーの経営者が最近、未来を予言して「太陽エネルギーで動く車が、一九八〇年までには普及するだろう」と述べた。ある石油会社の調査部長が私に語ったように、こうした動きは石油会社にとって、程度の違いはあるにしても、いずれも「注目すべき開発」である。

燃料電池を多少研究している企業はいくつかあるが、大部分の石油会社は、炭化水素を動力源とした装置に固執している。燃料電池やバッテリー、太陽エネルギーによる動力の研究に熱心に取り組んでいる企業は一社もない。ガソリンエンジンの燃焼室の沈殿物を減らすといった平凡な研究にかけている費用の何分の一かでさえも、これらの重要分野には割いていないのである。

ある大手の総合石油会社が、最近、燃料電池の将来を予想して、次のように結論付けた。「燃料電池を熱心に研究している会社に言わせると、将来きっと成功するということだが、当社にしてみれば、燃料電池の影響がいつ頃、どれくらいの大きさで出てくるのか、あまりにも遠い将来のことなので、さっぱりわからない」

もちろん、「なぜ、石油会社が現在の事業とは違うことに取り組まなければならないのか」「燃料電池やバッテリーや太陽電池などは、現在の石油会社の製品ラインを無用にしてしまうのではないか」などといった疑問が出てくるかもしれない。答えはまさにその通り。だからこそ、石油会社はその競争相手より先に、これら新しい動力源の開発を進めなければならない。石油産業が消えてしまえば、石油会社は存在しえないからだ。

石油会社の経営者が、自社の事業はエネルギー産業であると考えれば、それは企業の存続に必要なことであるはずだ。ただし、エネルギー産業と自覚しただけでは十分ではない。従来と同じ製品中心主義の狭い考え方を捨てなければ、その自覚も無駄になる。石油会社は、石油を発見し、精製し、売るのが仕事ではなく、顧客のニーズを満たすことが仕事なのだ。輸送についてのニーズを十分に満たすのが仕事だと石油会社が正しく認識したならば、驚くほどの利益を生む成長を阻む障害は一つもないのである。

創造的破壊の重要性

「言うは易く、行うは難し」といわれるが、この考え方を突き詰めていくとどうなるかについて言及しておいたほうがよいだろう。まず、第一の出発点――顧客から始めよう。消費者が、ガソリンを買う場合のわずらわしさや手間を嫌っていることは間違いない。人々は実際にはガソリンを買っているのではない。ガソリンを見ることも、味わうことも、手で触れることも、良し悪しを知ることも、現実に試してみることもできないからだ。

では、何を買っているのかというと、自分の車を運転し続ける権利である。ガソリンスタンドは、人々が自分の車を使用する代償として定期的に使用料を支払わせられる徴税人のようなものである。つまり、ガソリンスタンドはもともと嫌われ者なのである。なるべく嫌われないように振る舞ったり、不愉快感を減らしたりすることはできても、好かれたり愉快な場所になったりすることはない。

つまり、人気を挽回したければ、ガソリンスタンドをなくすしかないということだ。たとえ徴税人の人柄がよくても、徴税人を好きな人など一人もいない。たとえ美少年アドニスや魅惑的なビーナスから買うとしても、ガソリンといった目に見えない製品を、運転を中断してまで買いたいとは思わない。したがって、頻繁に燃料補給する必要がない代替品の開発に努めている企業は、イライラした消費者たちが差し伸べた腕の中に飛び込めるのだ。これらの企業は必然的に成長の波に乗る。技術的により優れた、あるいはより高級な製品をつくり出すからではなく、顧客の強いニーズを満足させようとするからだ。しかも、その新しい燃料は有毒な臭気もなければ、空気汚染の心配もない。

石油会社が、顧客を満足させるには石油以外の動力システムが必要になるという論理を認めたとすると、消費効率の高い燃料（あるいは既存の燃料でも、消費者をイライラさせない給油方法）の開発に乗り出す以外に道がないことに気づくはずだ。かつて大規模食料品チェーン店がスーパーマーケット事業に参入し、真空管メーカーが半導体の製造に踏み切ったのと同じである。石油会社自体の将来のために、現在、高い利益を生んでいる資産を破壊しなければならなくなるだろう。いくら希望的観測によったところで、このような「創造的破壊」からは逃れられないだろう。

私がこの創造的破壊を強調するのは、経営者が旧来の考え方から抜け出す努力をしなければならないと考えるからである。現代は、一企業あるいは一産業が、みずからの事業目的を、フル生産の経済効率だけに置いたり、危険極まりない製品中心主義に偏ったりしやすい。経営者自身の考え方が定まらないと、経営は、どうしても製品やサービスを生産することに向かってしまい、なかなか顧客に満足を与える方向にはいかない。自社のセールスマンに向かって「製品を売りさばけ。そうでないと利益が出ないぞ」というほど底無しの泥沼にはまらないにしても、知らずしらずのうちに衰退の道を歩むことだろう。成長産業が次々とこの道をたどっていったのは、まさに自殺行為に等しい製品偏重主義に原因があったからだ。

R&Dに潜む危険な罠

会社の絶えざる成長を脅かす、もう一つの危険とは、トップマネジメントが技術のR&Dを進めさえすれば、利益は間違いないと思い込んでしまうことである。その例証として、新しい産業――エレクトロニクスをまず取り上げ、次に再び石油会社について考えてみたい。新しく取り上げる例と、すでに詳しく述べた例を比較することで、一つの危険な考え方が知らぬ間に広がっていることがわかるはずだ。

エレクトロニクス産業に属し、バラ色の未来が約束された新しい企業が直面する最大の危険とは何だろうか。R&Dに無関心なことではなく、あまりに注意を向けすぎるということである。急成長のエレクトロニクス会社がこれほどの地位に立てたのは、技術研究の賜物と強調しすぎることはまったくの的外れだ。エレクトロニクス会社が突然もてはやされるようになったのは、一般大衆がこの新しいアイデアに強い関心を示したためである。

エレクトロニクス会社の成功にはもう一つ原因がある。軍の助成金によって保証された市場があり、多くの場合、生産能力をはるかにしのぐ軍需があったためだ。言い換えると、これまでの発展は、ほとんどマーケティング努力なしにもたらされたものなのである。このようにエレクトロニクス産業は、優れた製品であれば自然に売れる、という幻想が生まれやすい条件の下で成長を続けている。

優れた製品を開発したことで成功した場合、経営者は製品を使ってくれる顧客よりも、製品のほうを重視するのは当然である。そして成長し続けるには、たえず製品の革新と改良を続けることだ、という信念が生まれる。この種の確信を強めこそすれ、けっして弱めさせない要因は、ほかにもたくさんある。

たとえば、エレクトロニクス製品は高度な技術によるものだから、経営者はエンジニアや研究者を特に重視する。そのため、マーケティングを犠牲にして、研究と生産にだけ重点を置く。企業の使命は、顧客のニーズを満足させることではなくて、製品を生産することだと考えてしまう。その結果、マーケティングは、製品の創造と生産という、第一義の仕事が完了した後にすべきことで、何か余分な二義的な活動という扱いを受けることとなる。

また、このように製品のR&Dに偏りすぎること以外に、制御可能な変数のみ扱いたいという傾向がある。エンジニアや研究者は、機械、試験管、生産ライン、さらにはバランスシートなどの具体的な物の世界に居心地よさを感じる。抽象の世界で性に合うものといえば、研究室でテストや操作ができるものか、そうでなければユークリッド公理のように自分の役に立つものである。つまり、エレクトロニクス会社の経営者たちが好む事業活動は、慎重な研究や実験、制御可能なもの――研究室や工場や文献で確かめられる、形のある実用的なものに限られるのだ。

そこには、見落とされているものがある。それは市場の実態である。消費者は、予測しがたく、種々雑多であり、気まぐれで、愚かで、先が読めず、強情で、やっかい極まりない。技術畑の経営者は口にこそ出さないものの、心の底ではそう考えているはずだ。それゆえ、自分たちに理解でき、統制できるもの、すなわち製品研究、エンジニアリング、生産にだけ努力を傾ける。製品の限界コストは生産高に応じて低下するのだから、生産はますます面白くなる。収益を上げるには工場をフル操業させる以外にはない、と考えてしまう。

今日、大半のエレクトロニクス会社が、科学、エンジニアリング、生産中心に固まっているのに、これほど繁盛しているのは、軍が開拓し、保証してくれた市場などの新分野に進出しているためだ。市場を発見するのではなく、満たさなければならないという恵まれた立場にいる。顧客がほしがるものを見つける必要はなく、顧客のほうからすすんで新しい需要を具体的に出してくれているのだ。経営コンサルタントに、顧客中心のマーケティングの必要性がない事業環境を設計するように依頼しても、これ以上の条件を考え出すことはできないだろう。

マーケティングは「じゃま者扱い」されている

科学や技術や大量生産に頼りすぎると、その大半の企業が横道に逸れていく。その好例が石油会社である。消費者調査はある程度（あまり多くはないが）実施されているが、その目的は、石油会社の活動の改善に役立つ情報を得ることにある。たとえば、顧客が納得する広告テーマとか、もっと効果の上がるセールスプロモーションとか、石油会社の市場シェアとか、ガソリンスタンドや石油会社に対する好感度などである。どの石油会社を見渡しても、今後顧客を満足させる素材の基本特性とは何か、といった基本ニーズを調査しているところは見当たらない。

顧客と市場に関する根本的な質問など、まったく投げかけない。要するにマーケティングはじゃま者扱いされているのだ。問題はあるし無視できないという認識はあっても、真剣に考えたり、十分な注意を払ったりするほどのものではないと思っている。遠いサハラ砂漠の石油には熱中するが、そばにいる顧客には冷淡だ。どれほどマーケティングが無視されているかは、業界新聞の扱い方を見れば明白だ。

一九五九年発行の『米国石油協会クオータリー』一〇〇周年記念号は、ペンシルバニア州タイタスビルでの油田発見を祝して、石油産業の偉大さを証言した二一の特集記事を載せている。この中で、マーケティングの成果に触れた記事はたった一つしかなく、それもガソリンスタンドの建物にどんな変化が見えるかを図入りで示しただけにすぎない。またこの号には、「ニュー・ホライズン」と名付けた特別コーナーがあって、石油が米国の未来にどんなに素晴らしい役割を演じているかを強調している。このコーナーに書かれていることは、どれもこれも楽観主義にあふれており、いつか石油にも強力な競合製品が出現するかもしれないといったことを、暗に匂わせたものすら見受けられない。

原子力エネルギーについて述べた記事にしても、その成功に石油産業がどのように役立つのかという項目を並べ立てた内容になっている。石油産業の現在の豊かさもやがては脅かされるかもしれない、といった懸念などみじんもうかがえない。また、石油を利用している既存顧客にもっと優れた新サービスの仕方を提供する「ニュー・ホライズン」が現れるといったことにも触れていない。

マーケティングをじゃま者扱いしている典型的な例はほかにもある。「エレクトロニクス革命の未来像」と題した短い特別記事のシリーズがこれであって、次のような見出しがついている。

●油田探査とエレクトロニクス
●採掘作業とエレクトロニクス
●精製工程とエレクトロニクス
●パイプライン作業とエレクトロニクス

注目すべきは、石油産業の主要な機能は残らず挙がっているのに、マーケティングだけがないことだ。なぜだろうか。石油のマーケティングにエレクトロニクス革命は関係ないと信じられている（これが誤りなのは明白だ）のか、それとも編集者がマーケティングに触れるのを忘れたからだろう（こちらはありそうなことで、マーケティングをじゃま者扱いしていることをよく示している）。

石油産業における四つの機能分野を並べた順序を見ても、石油産業が顧客から遠く離れていることを告白しているようなものである。油田探査に始まり、精製工場からの送油で終わるのが石油産業と定義しているようだ。しかし実際には、石油産業であろうと製品に対する顧客ニーズから始まる、と私は考える。したがって、この最上位の顧客から、順々に重要性の低いものへと逆に進んで、最後に「油田探査」で終わるべきなのである。

発想を逆転させなければならない

産業活動とは、製品を生産するプロセスではなく、顧客を満足させるプロセスであることを、すべてのビジネスマンは理解しなければならない。顧客とそのニーズから始まるのであって、特許や原材料、販売スキルからではない。顧客ニーズを明らかにして顧客を満足させるには、何をいかに提供すべきか、と逆に進むべきである。さらに逆進して、顧客に少しでも多くの満足を与えられる製品を創造すべきである。顧客にすれば、この製品がどのように生産されているかということはどうでもよいことだ。したがって、製造方法、加工方法、そのほかの作業の具体的内容は、産業活動の重要事項とは見なされない。さらに逆に進んで最後に来るのが、生産に必要な原材料を見つけることなのである。

R&Dを重視する産業にとって皮肉なことは、経営の席に着いている科学者たちが組織全体のニーズや目的を定義する場合になると、まったく科学的でなくなる、という点である。彼らは、科学的方法における二つの基本的なルール——企業の課題は何かを突き止めて問題の定義をする、次にその問題を解くための仮説を立てる——を破る。彼らは研究室や製品実験といった勝手のわかるものについてだけ科学的なのだ。

顧客（そして彼らの心の底にあるニーズを満たすこと）が企業課題として考慮されないのは、顧客に問題はないと確信しているからではない。科学者として昇進してきたために、経営を逆の方向には進ませたくないからだ。彼らにすれば、マーケティングは傍流部門なのである。

私はこれらの産業で販売が無視されていると言っているのではない。繰り返しになるが、販売とマーケティングは違う。すでに述べたように、販売は企業の製品と顧客のキャッシュを交換するためのテクニックである。その交換によってどんな価値が生まれたかは関係ない。販売はマーケティングと異なり、顧客ニーズを発見し、創造し、触発し、満足させるといった一連の努力こそ事業活動のすべてである、という立場にはない。販売では、顧客とはどこか外側にいる見知らぬ人であり、うまい手を使えば、その小銭を吐き出させることができる相手にすぎないのだ。

技術志向の会社の中には、このような販売にさえ、あまり大きな注意を払わないところがある。次々と新製品を発売しても販売が保証された市場があるために、市場とはどんなものかをまったく知らない。あたかも計画経済の中にいるかのように、製品は工場から小売店に間違いなくひとりでに移動する、と考えている。製品にだけ目を向けてこれまで成功してきたものだから、過去のやり方が正しいと思い込んでいる。したがって、市場の上に怪しげな雲が集まり始めているのに気づかない。

顧客中心の企業となるために

つい七五年ほど前には、米国の鉄道産業は、抜け目のない証券市場から、絶対に間違いのない投資先と思われていた。ヨーロッパ各国の王室は、米国の鉄道産業に膨大な金を投資した。数千ドルをかき集めて鉄道株を買った人には、神の祝福として永遠の富が約束されたと考えられた。スピード、融通性、耐久性、経済性、さらに成長可能性から見て、鉄道に匹敵する輸送形態はなかったのである。ジャック・バーザンが指摘したように、「一九世紀の終わり頃までは鉄道は社会制度そのものであり、人間のイメージそのものであり、伝統であり、栄誉の象徴であり、詩の源泉であり、少年期の願望の拠り所であり、最高の玩具であり、人生のエポックを記す荘厳な機械であった（注6）」。

自動車、トラック、航空機が出現した後でさえも、鉄道は、揺るぎない自信を持ち続けていた。いまから六〇年前に鉄道会社の経営者に向かって、「三〇年もすれば鉄道は活気を失って破滅の道をたどり、政府からの助成金を嘆願するようになるだろう」などと言おうものなら、頭がおかしいと思われたはずだ。そのような未来は考えもつかなかったからである。問題視したり質問したりするどころか、普通の人間にはそのようなことは考え付きもしなかった。そんな未来を思い描くなど、正気の沙汰ではなかった。ところが、現在では、そのとんでもないことが事実として受け入れられている。

たとえば、楽しげにマティーニを飲んでいる分別ある一〇〇人の市民を乗せて、重量一〇〇トンの金属物体が地上一万メートルの上空をスムーズに移動するといったアイデアも、いまや現実のものとなった。これらが鉄道産業に無残な一撃を加えたのである。

こうした不幸な運命を避けるために、企業はどうすればよいのだろうか。顧客中心に考えるとはどんなことなのだろうか。部分的かもしれないが、この質問への答えは、これまでに挙げた事例とその分析で明らかにしてきた。個々の産業についての詳細は、別の機会で示したいと思う。いずれにしても、顧客中心の企業となるには、単なる志や秘密の販売促進法が必要になることは間違いない。その際、どういう組織をつくり、どういうリーダーシップを取るか、といったより大きな課題に取り組まなければならない。ここでは、衰退の運命を避けるのに、一般的に何が不可欠なのかを提言するに留めたい。

マーケティングマインドの浸透とリーダーシップ

企業がその存続に必要なことを実行するのは当然である。市場の要求に応え、しかも素早く対応しなければならない。単に存続することを願うだけならば、それほど大志を抱く必要はない。路上生活者でさえ、何とかして生存できるものだ。堂々と生き続け、事業で成功を収めたいという衝動を持ち続ける秘訣は、成功という甘い香りに酔うのではなく、起業家の素晴らしさを心の底から実感することにある。成功への情熱に駆り立てられた精力的なリーダーなくしては、どんな企業も、優れた業績を上げることはできない。リーダーは数多くの熱狂的なフォロワー（追随者）を引き付けるだけの、勇猛果敢なビジョンを掲げなければならない。ビジネスの世界で言えば、フォロワーとは顧客である。こうした顧客をつくり出すには、企業全体を顧客創造と顧客満足のための有機体であると見なさなければならない。経営者の使命は、製品の生産にあるのではなく、顧客を創造できる価値を提供し、顧客満足を生み出すことにある。経営者はこの考え方（およびこれが意味し、要求するすべてのもの）を、組織の隅々まで継続的に広めていかなければならない。また、社員たちを興奮させ刺激させるような経営感覚も求められる。さもなければ、組織はバラバラな部分の集まりにすぎなくなり、一本化された目的意識や方向性が失われてしまうだろう。

つまり企業は、製品やサービスを生み出すためでなく、顧客の購買意欲を促し、その企業と取引したいと思わせるような活動をするためにある、と考えなければならないのである。またCEOはこうした環境、こうした態度、こうした願望をつくり出すために大きな責任を負っている。経営姿勢、進むべき方向、目標を設定しなければならない。そのためにはCEO自身がどこへ進みたいのかを正確にわかっていなければならないし、企業全体が進むべき目標を十分に理解するよう、努めなければならない。これこそがリーダーシップの第一条件である。自分の進む目標がわからなければ、道は無数にあるために迷路に入り込んでしまう。

どの道でもかまわないのであれば、CEOはカバンをしまって魚釣りにでも出かければよい。もし、企業が進むべき目標を知らず、それに無頓着ならば、わざわざ教えてやる必要もない。やがて誰もが、その誤りに気づくはずである。

【注】

（1）Jacques Barzun, "Trains and the Mind of Man," *Holiday*, February 1960, p.21.

（2）詳細は以下を参照。M. M. Zimmerman, *The Supermarket: A Revolution in Distribution*, McGraw-Hill Book Company, Inc., 1955. p.48.

（3）同右。pp. 45-47.

（4）John Kenneth Galbraith, *The Affluent Society*, Houghton Mifflin Company, 1958. pp.146-147.

（5）Henry Ford, *My Life and Work*, Doublesday, Page & Company, 1923. pp.146-147.

（6）前掲（1）、p.20.

第4章

マーケティング再考

メリーランド大学 ロバート H. スミス・スクール
特別ユニバーシティ・プロフェッサー
ローランド T. ラスト
デューク大学 フュークワスクール・オブ・ビジネス 教授
クリスティーヌ・ムーアマン
ナレッジ・キネティックス 社長
ゴーラブ・バーラ

"Rethinking Marketing"
Harvard Business Review, January-February 2010.
邦訳「マーケティング再考」
『DIAMONDハーバード・ビジネス・レビュー』2010年10月号

ローランド T. ラスト
(Roland T. Rust)
メリーランド大学ロバート H. スミス・スクールのデイビッド・ブルース・スミス記念講座特別ユニバーシティ・プロフェッサー。著書に『カスタマー・エクイティ』(ダイヤモンド社、2001年)など。

クリスティーヌ・ムーアマン
(Christine Moorman)
デューク大学フュークワスクール・オブ・ビジネスのT. オースチン・フィンチ・シニア記念講座教授。

ゴーラブ・バーラ
(Gaurav Bhalla)
バージニア州レストンにあるナレッジ・キネティックスの社長。

長期的な関係性を優先させる

あるブランドマネジャーがオフィスで、新しいスポーツドリンクのマーケティング戦略を練っている場面を想像してみよう。彼は、ターゲットとなる市場セグメント群を大まかに特定し、価格とプロモーションを決め、マスメディア広告の計画を立てる。ブランドの成功は総売上げと収益性で評価され、彼の年収と将来はすべてこれらの数字にかかっている。これに何か問題があるのだろうか。この企業は、他の大多数と同様、いまだ一九六〇年代、すなわちマスマーケットやマスメディア、無機的な取引が主流だった時代のごとく、経営されている。

しかしいまでは、顧客と直接付き合い、彼ら彼女らにまつわる情報を収集し、そこから何らかの知見を見出し、それに応じて製品やサービスを調整できる強力な技術がある。また、顧客が企業や他の顧客と深く関わったり、自分が使いたい製品やサービスが開発されたりするようになった。たしかに多くの企業が、CRM（顧客関係管理）やその他の技術を利用して顧客に対応しているが、企業が顧客の深耕より製品のマーケティングを優先するようになっている限り、どれほど技術を駆使しようと、状況が本当に改善されることはない。

このように高度に双方向の環境下で競争するには、取引を促すことから、CLV（顧客生涯価値）を最大化することに焦点を移さなければならない。すなわち、製品やブランドより、長期的な顧客リレーションシップを優先させるのだ。それは、マーケティング部門の再構築も含め、全社的に戦略と組織構造を改革することにほかならない。

顧客を深耕する

大勢の人たちに企業メッセージを伝える場合、つい最近まで、現実的な選択肢はたった一つしかなかった。すなわち、一方通行のマスメディアによって、ある層の消費者に同時発信するのである。また顧客に関する情報といえば、たいてい総売上高などの統計数字であり、これを市場調査データが補完した。企業と顧客一人ひとりの間に直接コミュニケーションが生じることは、仮にあったとしても稀だった。しかし今日では、企業が豊富な選択肢から自由に選べるようになり、マスマーケティングはすっかり原始的な手法となった。

図表4-1「顧客リレーションシップを構築する」には、多くの企業が目指すところが示されており、競争力の維持を望むなら、すべての企業がこれを避けて通れない。

伝統的な企業と顧客を深耕する企業との決定的な違いは、前者が製品やブランドを売り込むために組織されているのに対し、後者は顧客や顧客セグメントを支援するために組織されている点である。後者

図表**4-1**｜**顧客リレーションシップを構築する**

Product-Manager Driven
製品マネジャー志向

いまだ多くの企業が、製品マネジャーと一方通行のマス・マーケティングに頼って、たくさんの顧客に製品を押し付けている。

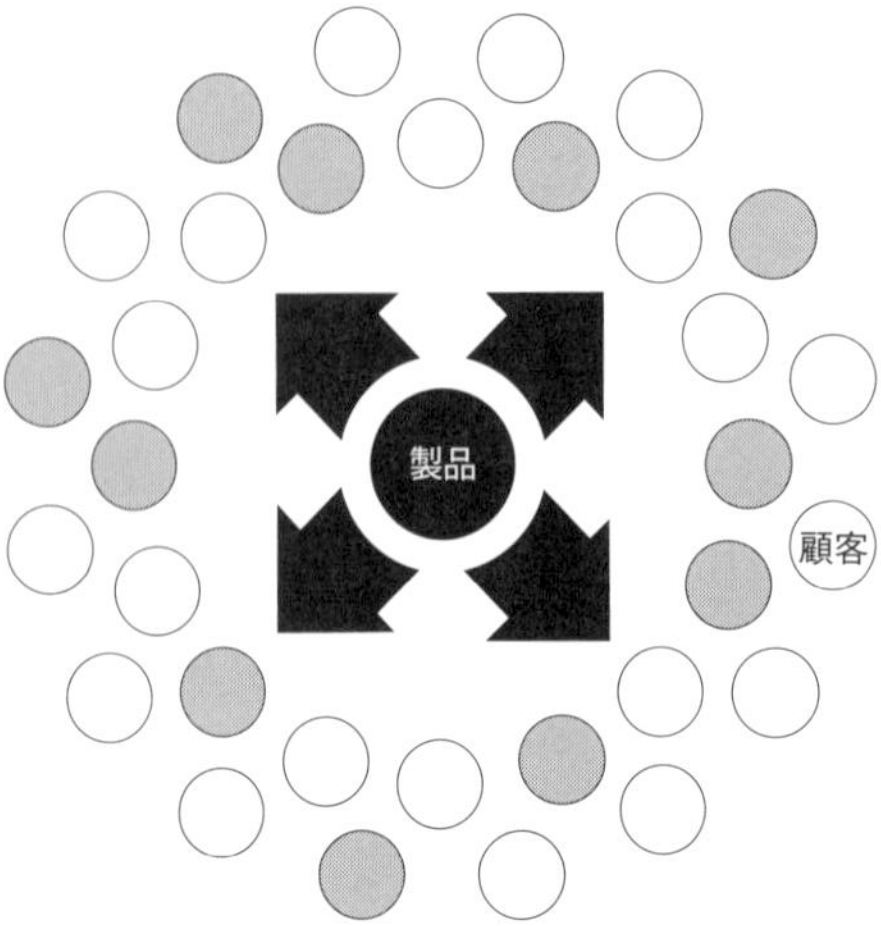

Customer-Manager Driven
顧客マネジャー志向

双方向コミュニケーションを通じて、個々の顧客、または細分化されたセグメントに向けて対応する顧客マネジャーが必要である。その時々に顧客が最も価値を認める製品を勧めることにより、長期的なリレーションシップを築く。

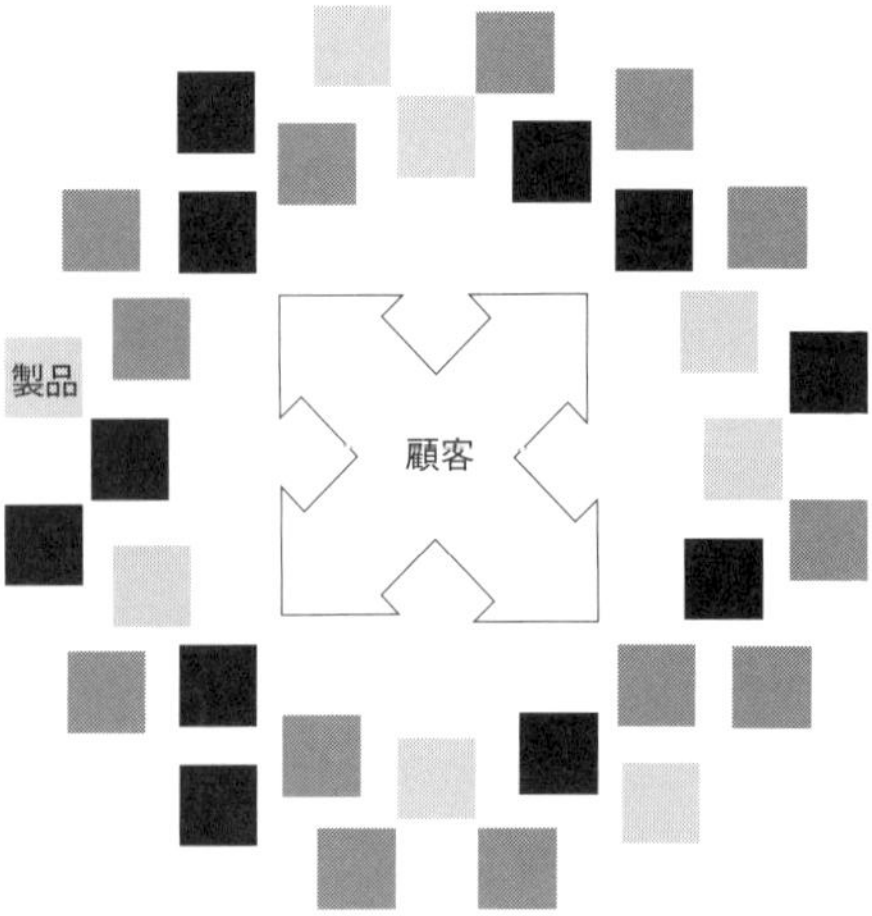

におけるコミュニケーションは双方向で、個人向けか、少なくとも細分化された顧客セグメントに絞ったものである。この戦略は、顧客情報を流通チャネルに握られている、あるいはコントロールされている企業、すなわち消費財メーカーの大半にすれば、大きな課題といえるだろう。しかしいまや、ますます多くの企業が、顧客深耕戦略を成功させるために、豊富なデータを利用するようになっている。たとえばB2B企業では、主要なアカウント（顧客担当）マネジャーやグローバルアカウントディレクターが、特定の製品を販売するのではなく、進化する顧客ニーズに対応することに専念している。

IBMは、「エネルギー効率」や「サーバーの統合」といった顧客ニーズ別の組織になっており、特定の法人顧客のために製品の垣根を超えてマーケティングを展開している。その「インシュアランス・プロセス・アクセラレーション・フレームワーク」は、サービス志向の組織設計の一例といえる。IBMの保険業界プラクティスでは、顧客と保険業界に明るいスペシャリストが、保険金請求、新規契約処理、引き受け業務などの領域で、先端的な顧客と一緒に迅速かつ柔軟なプロセスを構築している。また、製品の短期売上げを重視するのではなく、長期的な顧客評価指標《カスタマー・メトリックス》によって、この保険業界プラクティスの業績を測定している。

顧客志向という点では、大手B2B企業が先行しているケースが多いが、B2C企業の中にも目覚ましい進歩を遂げた企業もある。これらの企業では、顧客リレーションシップは時間とともに進化するものと認識されており、顧客のニーズが変化すれば、別のブランドを販売している他部門に顧客を引き継ぐこともある。

たとえば、英国の大手小売チェーンであるテスコは近年、分析力を強化するために大規模な投資を行い、これまで以上の顧客を囲い込んでいる。同社はクラブカードと呼ばれるデータ収集用のポイントカードを使って、顧客が訪れた店舗、購入した商品、支払方法などを追跡している。テスコはこれらの情報に基づいて、大規模スーパーから地域店舗に至るまで、店舗形態別に、地域の嗜好に合わせて商品を仕入れたり、個人顧客のレベルで製品をカスタマイズしたりしている。『ウォール・ストリート・ジャーナル』紙によると、テスコで初めて紙おむつを購入した買い物客には、赤ちゃんのお尻拭きやおもちゃの割引券だけでなく、ビールの割引券も郵送されるという。新米パパはパブで過ごす時間が減るため、これまで以上にビールを購入することがデータ分析によって明らかにされたからである。

サービス企業の例では、アメリカン・エキスプレス（アメックス）は、さまざまな商品を提供しながら、顧客の行動や反応の変化をたえず追跡している。同社では、消費者データの分析とアルゴリズムを利用して、顧客プロファイル（個人情報）の変化に合わせて「次に最適な商品」を特定したり、全カード会員のリスクを管理したりしている。たとえば、ゴールドカードで初めてアッパークラスの航空券を購入した顧客には、プラチナカードへのアップグレードが勧誘される仕組みになっている。また状況が変わったことで、カード会員が、さらに家族カードやコーポレートカード——一定の利用限度額が設定されている——の発行を求めてくるかもしれない。これに応えるサービスを提供することで、既存顧客の利用額を、信頼度の高い家族や事業パートナーなどを通じて拡大できる一方、潜在的な新規顧客にアメックス・ブランドを紹介することにもなる。

同社はまた、カード会員と加盟店の間に介在するという戦略的ポジションをてこにして、それぞれとのリレーションシップにおいて長期的な価値を創造している。あるカード会員のデモグラフィック（人口統計）・データ、購買パターン、信用情報を見れば、たとえば新しい家に引っ越したことがわかる。アメックスは、加盟店になっている家具店で購入した場合には特別会員特典を提供することで、この会員のライフイベントから利益を得られる。

ある有名な保険・金融サービス企業もまた、ライフイベントが訪れた顧客に商品をカスタマイズすることで成功を収めている。たとえば伴侶を失った顧客には、カスタマイズ商品を提供するチームがとりわけ注意を払う。預金口座やクレジットカードの顧客が結婚すれば、自動車、住宅保険、住宅ローンをクロスセルできる有望顧客になる。同様に、子どもが一人立ちしたばかりの親には、ホーム・エクイティ・ローン（注1）や投資商品を勧め、大学を卒業する子どもたちにも賃貸入居者保険を提供している。

マーケティングの再構築

これらの輝かしい事例はともかく、執行役員やCxO（CEOやCFOなど“Chief”のつく執行役員）の多くは、顧客リレーションシップについて、いまだ口先ばかりで、実際には製品やサービスを売り込むことばかり考えている。取締役会と経営陣はみずから先頭に立って、取引から顧客リレーションシップの構築へと戦略を転換し、この戦略を実行するうえで不可欠な企業文化、組織構造、インセンティブをつくる必要がある。

顧客を深耕する組織とは、どのようなものだろう。顧客を中心に設計された組織構造を完璧に具現化している企業はまだない。とはいえ、さまざまな企業がそこへの移行過程にあり、ここにその特徴を見出せる。何より劇的な変革は、マーケティング部門を「顧客部門」として再構築することだろう。その第一歩は、従来型のCMO（最高マーケティング責任者）を、新しいタイプのリーダー、すなわちCCO（最高顧客責任者）に置き替えることである（**図表4-2**「マーケティング部門を再構築する」を参照）。

CCO

CCOは、世界各国の企業で一般化しつつある。採用企業の数は、二〇〇三年には三〇社程度だったが、いまでは三〇〇社を超える。クライスラー、ザ・ハーシー・カンパニー、オラクル、サムスン、シアーズ、ユナイテッド航空、サン・マイクロシステムズ、ワコビアなど、さまざまな企業がCCO職を置いている。しかし、そのほとんどにおいて、CCOは伝統的な組織を顧客志向に変えるための試みの一つにすぎない。概して、CCOの役割は具体的に定義されていない。このせいでCCOの特徴は漠然としており、CxOの中でもCCOの在任期間が最も短い。

我々が思うに、CCOを機能させるには、CEOの直轄であり、大きな業務権限が与えられたポジションでなければならない。CCOは、顧客リレーションシップに関する戦略を立案・実行すること、そ

図表**4-2** | **マーケティング部門を再構築する**

従来型のマーケティング部門を、特定の製品の売り込みより、顧客リレーションシップの構築を優先する顧客部門へと再構築すべきである。最終的には、製品マネジャーおよび顧客担当部門は、CMOでなくCCOの下に置かれ、顧客マネジャーあるいはセグメントマネジャーの戦略を支援する。

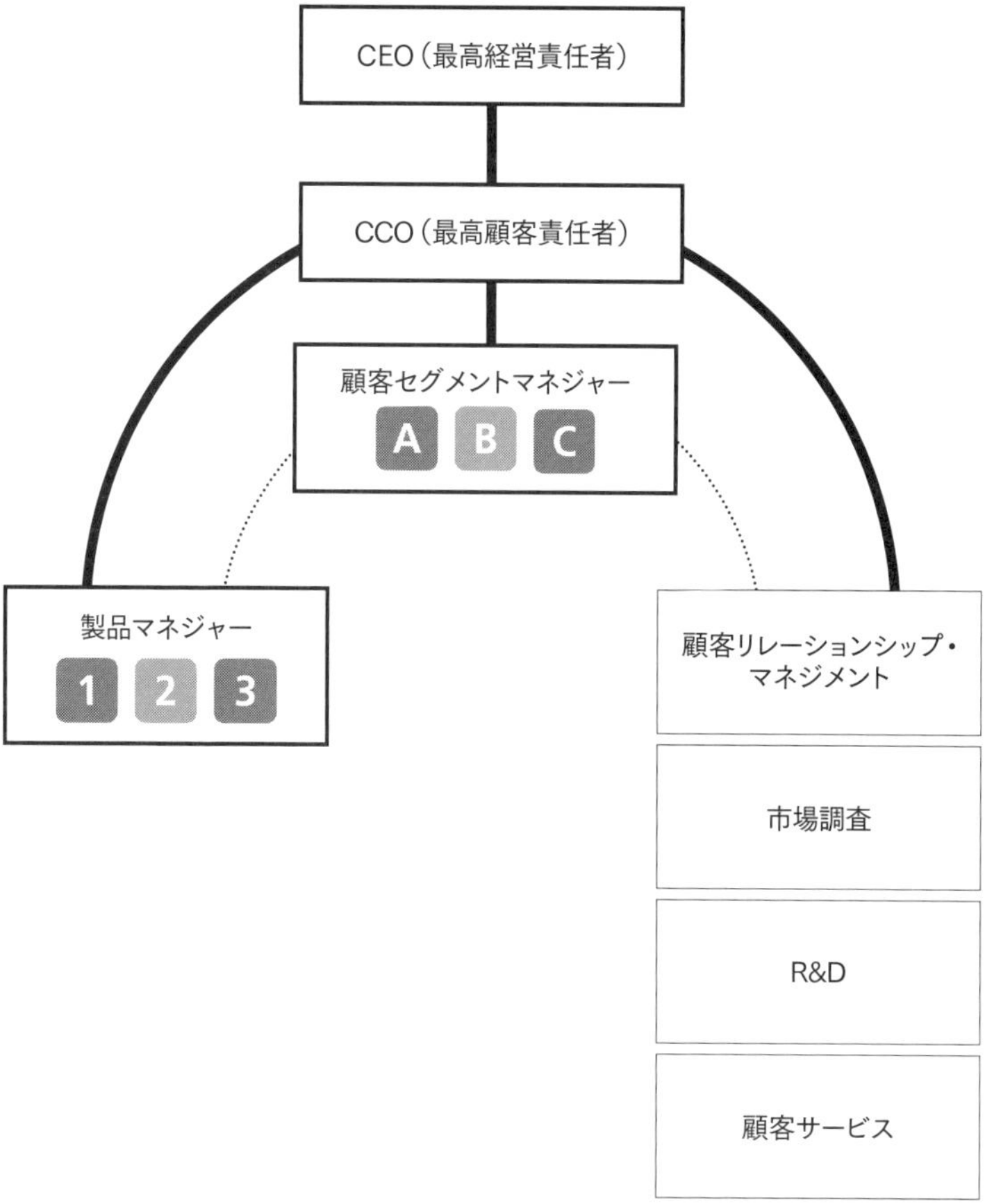

して顧客に関わる職能すべてを監督することに責任を負う。優れたCCOは、顧客志向の文化を育み、顧客情報の社内流通を妨げるものを排除する。経営陣を顧客と定期的に交流させることも、含まれる。

軍人向け金融サービス会社のUSAAでは、経営陣が週二、三時間、コールセンターで顧客に対応している。これは、経営陣がどれほど真剣に顧客に対応しているかを社員たちに示すだけでなく、顧客の懸念事項を理解する一助にもなっている。同様に、テスコの経営陣は、「テスコ・ウイーク・イン・ストア」（TWIST）というプログラムの一環として、年に一週間、みずから店舗で働き、顧客との交流を図っている。経営陣がその関心を顧客に移していくにつれて、これまで以上に顧客情報に基づいて意思決定するようになり、情報の流通を妨げる組織構造は崩れていくに違いない。

しかし現実には、顧客データを収集するために莫大な投資を傾けているにもかかわらず、ほとんどの企業が知りえたことを活用し切れていない。多くの場合、信頼の欠如、出世争いや経営資源の奪い合い、あるいは縄張り意識のせいで、情報は滞る。CCOはこれら非生産的なマインドセットを排除するインセンティブを考え出さなければならない。究極的には、CCOは顧客の収益性を向上させることに責任を負う。そして、CLVやカスタマー・エクイティ（顧客の資産価値）などの評価指標同様、クチコミなどの間接的な指標によっても評価される。

顧客マネジャー

新しい顧客部門では、顧客マネジャーやセグメントマネジャーが、顧客の製品ニーズを見極める。顧客マネジャーの指示の下、ブランドマネジャーはこれらのニーズに対応した製品を提供する。そのためには、主に人材や予算などの経営資源の移動、そして製品マネジャーの権限を顧客マネジャーに移し替えることが欠かせない（**章末**「顧客マネジャーの役割」を参照）。

この仕組みは、B2B分野では一般的なものである。たとえばプロクター・アンド・ギャンブル（P&G）には、ウォルマート・ストアーズなど大手小売チェーンを担当するアカウントマネジャーがいる。彼ら彼女らは、たとえば掃除用品のスイファーを売り込むよりも、長期的に顧客リレーションシップの価値を最大化することに関心がある。B2C企業でも、この仕組みを利用している企業がある。その中で群を抜いているのが個人向け金融サービス機関で、商品別ではなく、顧客セグメント別――富裕層、大学生、退職者など――にそれぞれ担当マネジャーを置いている。

顧客を深耕する企業では、消費財セグメントの担当マネジャーは、収益性の低いブランドAから、より収益性の高いブランドBに乗り換えるように促すインセンティブを顧客に提供するかもしれない。ブランドマネジャーや製品マネジャーが支配する伝統的な組織では、このようなことは起こらない。ブランドAの担当マネジャーは、たとえそれが会社の利益のためだとしても、顧客の離反をよしとしない。なぜなら、CLVやその他の長期的な顧客評価指標ではなく、ブランドの業績によって評価されるからである。これはささいな改革ではない。すなわち、製品マネジャーは、担当する製品やブランドの利益ではなく、顧客マネジャーやセグメントマネジャーの業績を最大化することを後押しする責任を負わなければならないという意味なのだ。

顧客関連の職能

顧客に関わる活動の中核である顧客部門は、マーケティング部門から分離したばかりの顧客関連の職能や、もともとマーケティングには含まれていなかった職能にも責任を負う。

❶CRM

近年、IT部門がCRMを担当するようになっている。というのも、CRMシステムには技術力が要求されるからである。ダイレクトマーケティングサービス会社ハートハンクスによる北米三〇〇社を対象にした調査では、CRMを管理しているのは、四二%の企業がIT部門、三一%が営業部門と答えており、マーケティング部門と回答したのはわずか九%だった。

しかしつまるところ、CRMは顧客のニーズや行動を測るツールであり、それは新しい顧客部門の中心的役割にほかならない。このデータは顧客深耕戦略を実行するために不可欠なものであり、顧客部門以外が収集・分析するというのは道理に合わない。もちろん、CRMを顧客部門に導入することは、ITと分析スキルを導入することを意味する。

❷市場調査

顧客志向企業では、市場調査の眼目が異なる。第一に、マーケティング部門だけでなく、顧客と接する部門すべて、すなわち経理部門（支払方法の情報元）や配送部門（配送の時期やサービスに関する情報元）なども、市場調査の結果を共有する。第二に、顧客の行動や価値を分析するに当たり、総合的な視点から個人の視点へと範囲が変わる。第三に、市場調査の主眼が、ＣＬＶやカスタマー・エクイティなど、顧客志向の評価指標を改善する顧客情報の収集へと移っていく。

❸ R&D

顧客ニーズよりも技術力を重視した製品は、売上げが伸び悩む可能性がある。エンジニアは製品にたくさんの機能を詰め込みたがるが、周知の通り、顧客は多機能を持て余し、このせいで売上げに悪影響が及ぶ。製品に関する意思決定に現実のニーズを反映させるために、設計プロセスに顧客を参加させるべきである。Ｒ＆Ｄとマーケティングの統合は、その有効な手段の一つである。

ノキアはアジアで、これを成功させ、同地域における市場シェアは六割を超える。しかし、このような企業は稀である。メーカーが毎年数多くの新製品を発売することが不可欠な業界にあって、ノキアは機能や価値に関する顧客の意見を取り入れてヒット製品を連発しているが、そのマーケティング能力は伝説的である。

こうした顧客志向のイノベーションツールの一つが「ノキア・ベータ・ラボ」である。これは、ユーザーと開発チームが共同で新機能や新製品を仮想的に試作するという、バーチャルな開発者コミュニティである。ここでは、けっして市場化されることのない「とんでもないアイデア」でさえ受け入れられる（ノキアは、米国では異なる戦略を採用しており、顧客の意見を取り入れることは稀で、その市場シェアは低下している)。

ユーザーとメーカーのコラボレーションによって新しい価値を創造している企業例は、ほかにもたくさんある。ウェブブラウザー分野におけるモジラのファイアーフォックス、掃除用品分野におけるP&Gのスイファー、香水分野におけるインターナショナル・フレーバーズ・アンド・フレグランシーズとエスティーローダーなど法人顧客とのパートナーシップは、その好例である。こうした創造的なコラボレーションが、従来のR&D主導による新製品開発モデルに取って代わりつつある。このような世界では、R&D部門はCCOに報告することが義務付けられる。

❹顧客サービス

この職能は、社内で管理し、顧客部門の下に置くべきである。なぜなら、サービスの質を高水準で維持するだけでなく、長期的な顧客リレーションシップの深耕を後押しするものだからである。

たとえば、デルタ航空は最近、海外のコールセンターを閉鎖した。文化の違いのせいで北米の顧客に対応する能力が低下したことがその理由である。つまり、コスト削減のメリットよりも、顧客リレーションシップの質へのダメージのほうが大きいと判断したのだ。デルタは現在、まず顧客サービス部門が電話に応対し、応対者が即座にその顧客のセグメントを特定した後、そのセグメントについてトレーニングを受けた顧客サービスのスペシャリストにその電話を回す。そこでのやり取りは顧客情報システムに記録され、のちに顧客部門が顧客の新しいニーズを特定したり、ソリューションを開発したりする際に利用される。もし顧客サービスをアウトソーシングしなければならない場合には、上位の顧客マネジャーへの報告を義務付け、ITインフラと顧客データを自社の顧客データベースにシームレスに統合する必要がある。

顧客評価指標を重視する

ひとたび製品のマーケティングから顧客の深耕へと軸足を転換したならば、戦略の有効性を測る新しい評価基準が必要になる（図表4-3「新しいモデルの新しい評価指標」を参照）。

第一に、製品の収益性よりも顧客の収益性を重視しなければならない。小売業では、しばらく前から、ロス・リーダー（利益は出ないが、顧客リレーションシップを強化する目玉商品）を用いることで、この考え方を導入している。

第二に、現在の売上げよりも、CLVに注目する必要がある。売上げが現在好調でも、将来の見通しが暗ければ、その企業は落ち目といえる。CLVは、顧客が生み出す将来利益を推測し、その時間価値を反映させるために、しかるべき現在価値に割り引いた評価指標である。これにより、企業は長期的な健全性に焦点を当てざるをえなくなり、株主や投資家もこれに注目すべきである。

株式市場は、未来の業績を犠牲にして短期利益に報いる傾向があるが、未来志向の顧客評価指標が財

図表**4-3**｜新しいモデルの新しい評価指標

製品販売から顧客深耕への転換には、同じく評価指標の転換が必要である。

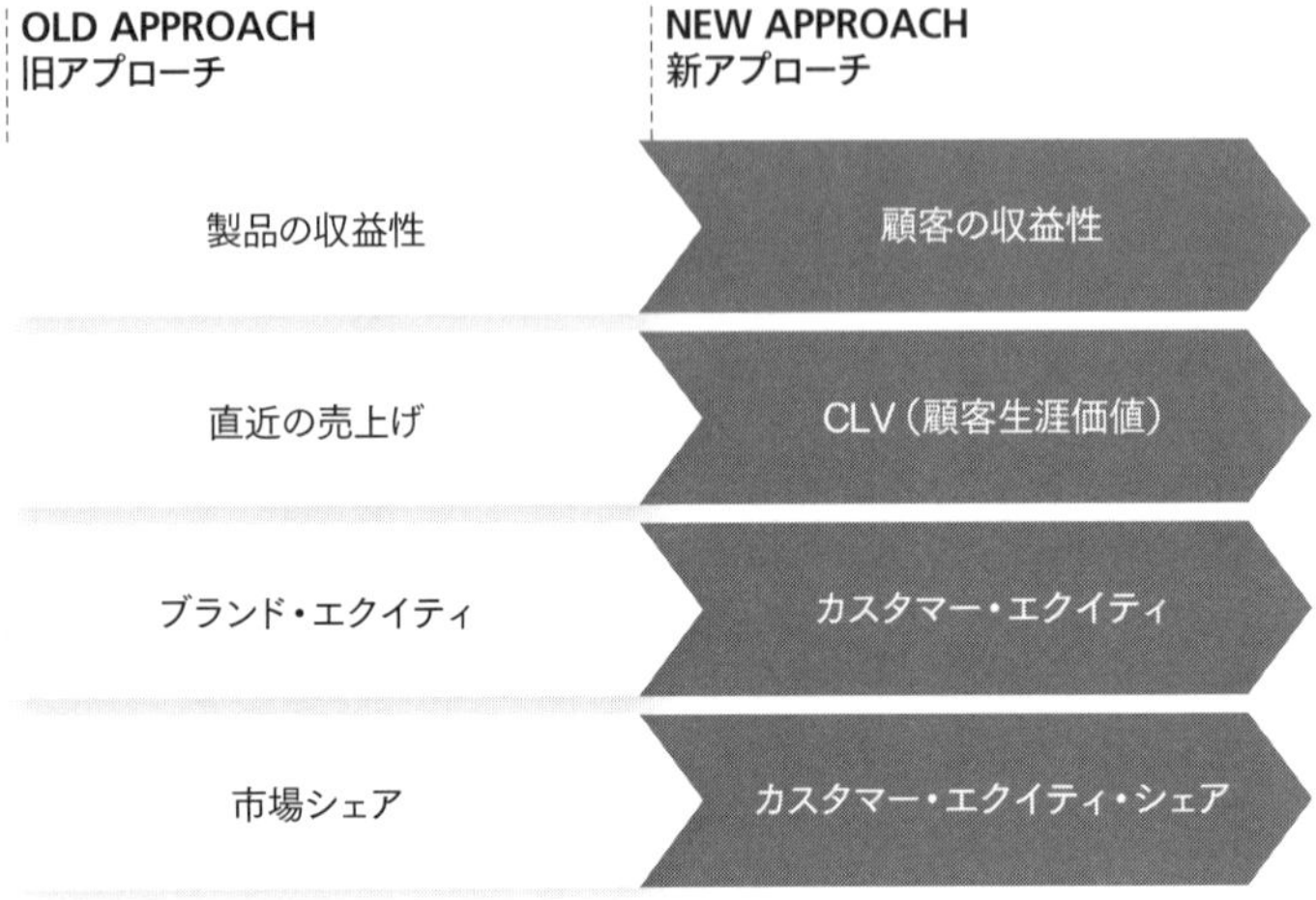

OLD APPROACH 旧アプローチ	NEW APPROACH 新アプローチ
製品の収益性	顧客の収益性
直近の売上げ	CLV（顧客生涯価値）
ブランド・エクイティ	カスタマー・エクイティ
市場シェア	カスタマー・エクイティ・シェア

務報告の一部として定着すれば、これも変わるだろう。現在、財務諸表に無形資産の報告を義務付ける動きが国際的に進行している。顧客評価指標のような主要指標が財務諸表上に記載されるようになれば、株価もこれを反映するようになるだろう。目端の利く証券アナリストたちは、顧客継続率、顧客価値やブランド資産をもっと理解するよう、企業に働きかけている。

第三に、ブランド・エクイティ（ブランドの資産価値）から、CLVの総額である「カスタマー・エクイティ」に焦点を移さなければならない。とはいえ、ブランド・エクイティの向上は、カスタマー・エクイティを高める最善の手段である。[注2] またカスタマー・エクイティは企業価値の代替指標としても有効であり、その結果、マーケティングと株主価値の関連性が高まる。

第四に、現時点での市場シェアよりも「カスタマー・エクイティ・シェア」（市場全体の顧客価値に対する自社の顧客基盤の価値の割合）に注目する必要がある。市場シェアは、ある時点における売上競争の順位を示しているが、カスタマー・エクイティ・シェアは、収益性を踏まえた長期的競争力を測定するものである。

さらに、顧客レベルの情報の重要性が高まったことで、個々の顧客、セグメント、市場全体など、複数のレベルの情報を追跡することに精通しなければならない。戦略上の意思決定は一様ではないため、異なるレベルの情報が要求される。このようなニーズを満たすには複数の情報源が必要になる。

個々の顧客のレベルでは、主要指標はＣＬＶである。詳細に追跡すべきマーケティング活動は、ダイレクトマーケティングである。主要な情報源は、編集された顧客データベースである。セグメントのレベルでは、主要指標はセグメントの生涯価値（平均ＣＬＶにセグメント内の顧客数を乗じたもの）である。追跡すべきマーケティング活動は、特定の顧客セグメントを対象としたマーケティングであり、時にはニッチ・メディアを利用する。主要情報源は、顧客パネル（グループインタビューの参加者）と調査データである。

市場全体レベルでは、主要指標はカスタマー・エクイティである。追跡すべきマーケティング活動は、もっぱらマスメディアを通じたマスマーケティングである。主要情報源は、総売上げと調査データである。

このように多くの場合、企業は情報源のポートフォリオを持つことになるだろう。言うまでもなく、顧客情報の収集度と利用度を評価する指標が必要になる。情報の質について明らかにするわけではないが、マネジャーがどれくらい顧客情報を提供あるいは利用しているかは一般的な指標として有効である。しかし、情報の質を評価するため、新しい顧客情報の貢献度について社員たちが評価できるように「プレディクション・マーケット」（予測市場）を設けている企業もある。

＊　＊　＊

どのような組織変革もそうだが、製品志向の企業を顧客志向の企業へと抜本的に変えるのは難しい。IT部門はCRMにしがみつく。R＆D部門は他部門以上の自律性を守ろうと抵抗する。そして何より深刻なのは、既存のマーケティング担当役員が我が身を守ろうとして戦うことである。既得権の侵害は避けられないため、変革が自然に生じることはない。

変革はトップダウンで推進すべきである。気後れするかもしれないが、この転換は避けて通れない。早晩、これが顧客に報いる唯一の競争手法となるだろう。

顧客マネジャーの役割

顧客マネジャーの役割とは、ある意味、マーケティングの究極の定義（顧客のウオンツを発掘し、そのニーズを満たす）である。一方、製品マネジャーの役割とは、伝統的な物売りのマインドセットに沿ったもの（製品があり、顧客を探す）である。

IBMのグローバル・ユニバーシティ・プログラムのディレクター、ジム・スポーラーは、カリフォルニア大学バークレー校情報学部教授のモルテン・T・ハンセンが提唱する「T型人間」、つまり博識でありながら特定分野の造詣が深い人材を採用している。

最も優秀な顧客マネジャーとは、特定の顧客やセグメントに関する深い知識と、自社やその製品に関する幅広い知識を合わせ持ったT型人間である。これらのマネジャーは、データの解釈に長け、顧客の態度や活動に関する莫大な情報の中から洞察を導き出す能力も要求される。すなわち、ブログやその他の顧客フォーラムからデータを収集し、オンラインによる購買行動を観察し、小売動向を追跡し、またその他の分析手法を駆使する。

ブランドマネジャーの場合、当該製品のメディア出稿に関する統計値、ブランドの使われ方、顧客コミュニティ内でのブランドの評判などを調査することで満足かもしれない。かたや顧客マネジャーは、より広範かつ統合的な目で顧客を見る。

たとえばP&Gでは、化粧品ブランドのマックスファクターとカバーガールを担当するマネジャーが、低価格志向の消費者と同じレベルの生活費で一週間暮らしたりする。これなどは顧客マネジャーの行動といえる。彼ら彼女らはこの経験を通じて、これらの顧客の生活を改善するために、特定のブランドではなく、P&Gとして何ができるのかについて重要な洞察を得た。

極めて優秀な顧客マネジャーは、マーケティングを理解しているだけでなく、心理学、人類学、社会学、経済学など社会科学分野についても幅広い教育を受けているべきだと、我々は考える。彼ら彼女らは、マーケティング専門家というより、行動科学者のように顧客に接するだろう。すなわち、顧客を観察し、そこから情報を収集し、顧客と交流し、学び、学習したことを統合し、広く伝える。

ビジネススクールが顧客マネジャーの教育に関わり続けるには、カリキュラムの重点を製品のマーケティングから顧客の深耕へと移すべきである。

【注】

(1)所有する住宅の正味価値、すなわち「ホーム・エクイティ」を担保にしたローン商品。サブプライム問題を深刻化させた元凶の一つといわれている。

(2)Roland T. Rust, Valarie A. Zeithaml and Katherine N. Lemon, "Customer-Centered Brand Management," HBR, September 2004.(邦訳「ブランド・マネジメントは顧客戦略である」DHBR二〇〇四年一一月号)を参照。

第5章

顧客ロイヤルティを測る究極の質問

ベイン・アンド・カンパニー 名誉ディレクター
フレデリック F. ライクヘルド

"The One Number You Need to Grow"
Harvard Business Review, December 2003.
邦訳「顧客ロイヤルティを測る究極の質問」
『DIAMONDハーバード・ビジネス・レビュー』2004年6月号

フレデリック F. ライクヘルド
(Frederick F. Reichheld)
ベイン・アンド・カンパニー名誉ディレクター兼フェロー。著書に『ロイヤルティ戦略論』ダイヤモンド社、2002年)、HBR寄稿論文に"Lead for Loyalty," HBR, July-August 2001.（邦訳「ロイヤルティ・リーダーシップ」DHBR2001年10月号）などがある。

たった一つの究極の質問

資産運用会社のザ・バンガード・グループ、ファストフードチェーンのチック・フィレ、保険会社のステートファーム——。これらに加え、ロイヤルティの真の力を熟知した大手企業六社のCEOたちが一堂に会した。それぞれ顧客や社員からの高いロイヤルティを獲得したことで、自社を業界トップに成長させてきた。そして、その取り組みをさらに強化しようと、意見交換の場が設けられたのだった。

議論も終わりに差しかかった時、エンタープライズ・レンタカーのCEO、アンディ・テイラーから驚くべき発言があった。顧客ロイヤルティを測定し管理する、新たな方法を発見したというのである。

しかも、従来のように手間暇を要するアンケートは必要なく、二つの簡単な質問について毎月集計するだけだという。第一の質問は購入・利用後の総合的な満足度を問うものであり、第二はリピートオーダーの可能性を問うものだった。簡単ゆえに回答しやすく、また集計も楽なので、調査の数日後には米国国内五〇〇〇カ所の営業所のランキングが発表される。おかげで各営業所は、顧客の反応をほぼリアルタイムで知ることができるばかりか、他の営業所の成功に学ぶこともできたという。

この調査には、もう一つ重要な特徴があった。各営業所の成績は最高点をつけた顧客の人数だけで決まることだった。このエンタープライズの方式は熱心な支持者だけに注目するというものだが、他のC

EOたちから続々と疑問の声が上がった。「他の顧客はどうするのですか。ある程度満足しており、今後も利用は続けるという顧客も無視できない存在ではないですか」「統計を取って中央値を出すといった、より高度で洗練された手法のほうがよいのではないですか」

これらに対してテイラーはこう断言した。「熱心な支持者こそ、利益成長の原動力です。そのお客様自身が次も利用してくれるだけでなく、知り合いの人たちにも宣伝してくれるのです」

そもそも、顧客満足度調査は無駄金になることが多い。複雑で時間がかかる割には回答率は低く、結果が出ても意味するところは不明瞭で、現場のマネジャーを戸惑わせるだけである。しかも、調査結果について検証や監査が実施されることはめったにない。収益性や成長性との関連性に乏しいため、経営幹部や投資家から注目されないからだ。

とはいえ、エンタープライズの方法には、筆者も驚いた。実際、同社が利益を大きく成長させたと聞いて、これは画期的な方法となるのではないかという予感がした。

いくつかの簡単な質問で顧客ロイヤルティを測り、最も高い評価を下した顧客にだけ注目する。この方法は、他の業界にも通用しないか。質問を一つに絞ることはできないのか。どんな質問がふさわしいのか。想像はどんどん膨らんでいった。その後、二年間を費やして、アンケート結果と実際の顧客行動（購買パターンとクチコミ）、さらには利益成長との関連性を調べた。結果は極めて明快なものだったが、同時に予想を裏切るものでもあった。実は、利益成長の指針となるのは、たった一つの質問だったのである。しかも、顧客満足度やロイヤルティを問うものではなかった。

たしかに、特定の企業、あるいは商品やサービスを他人に勧める行為は、顧客ロイヤルティを体現した究極の行動といえる。そして、熱心な支持者が顧客全体に占める比率は、ほとんどの業界で成長率と直接関係していることが判明した。

もちろん、利益成長の原動力は顧客ロイヤルティだけではない。景気、市場成長、イノベーションなども成長要因である。誰かに紹介したいかどうかを問う質問は、一般的に顧客ロイヤルティを測り、成長率を予測するうえで最も重要な指標であるものの、あらゆる業界に当てはまるわけでもない。それでもなお、周囲に布教してくれる顧客は何物にも代えがたい存在である。顧客ロイヤルティさえ確保すれば成長できるとは限らないが、顧客ロイヤルティが低い企業が利益成長を遂げることはまずない。

もう一つ収穫があった。新しい顧客アンケートのあり方——単純明快にして業績と直結する——を示すことができたのである。従来の顧客満足度調査は、複雑な仕組みになっているブラックボックスだった。対して我々が提案するのは、簡潔この上ないたった一つの質問である。それゆえ、アンケート結果を実務に活かし、社員の目を企業成長に向けさせやすくなる。

ロイヤルティの経済効果

多数の業界で実施した調査を紹介する前に、ロイヤルティの概念、およびその測定時に犯しがちな間違いについて述べておきたい。

まず、ロイヤルティの定義である。ロイヤルティとは、顧客や社員などが金銭的もしくは個人的な犠牲を払ってまでも、企業とのリレーションシップを強化したいと望むことである。だからこそ、ロイヤルティの高い顧客は同じサプライヤーと継続的に取引する。一回の取引条件が最高とは言い切れなくとも、長期的に見て好条件や高い価値を提供してくれるサプライヤーを利用するわけである。この定義に従えば、顧客ロイヤルティとは、繰り返し購買・利用するだけに留まるものではない。

他方、すべてのリピートオーダーがロイヤルティに基づいているわけではない。惰性や無関心、企業や環境による障壁などのせいだったりすることもある。たとえば、ある都市に向かう時にいつも同じ航空会社を利用するのは、ロイヤルティからではなく、ほかに選択肢がないからだったといった具合だ。また、購買頻度の低下が必ずしもロイヤルティの低下を示しているとも限らない。単にその商品やサービスを必要とする機会が減っただけかもしれない。年を取り、運転する機会が減れば、車の買い替えも減るだろう。

本物のロイヤルティは間違いなく売上増につながる。固定客と売上げは必ずしも同列ではないが、顧客が商品やサービスに愛着を抱くようになれば、顧客獲得コストが減少することは間違いない。ロイヤルティは売上高にも貢献するのだ。もちろん、バケツに穴が空いており、そこから顧客がこぼれ出ていくようでは成長など望むべくもない。それを食い止めるのがロイヤルティであり、加えてバケツの水位を上昇させる力もある。ロイヤルティの高い顧客はお気に入りの企業への支出を増やすなど、時間の経過とともに購買量や金額を増やす傾向にあるため、売上げは伸びていく。

さらに、家族や友人、同僚にクチコミしてくれる。これには一種の犠牲を伴うため、ロイヤルティの指標として最適といえる。単に高い経済的価値を得たことを他人に伝えるだけではなく、おのれの信頼を担保にするからである。ロイヤルティが高くなければ、とうていできない行為である。

繰り返すが、ロイヤルティとリピートオーダーは必ずしも同義ではない。数年来ホンダ車を愛用していても、所得が増えれば高級車に買い替えることもある。ただ、そこに本物のロイヤルティが存在していれば、初めて車を購入する知り合い、たとえば甥っ子にホンダ車を勧めてくれることだろう。

ロイヤルティの高い顧客は、みずから無償で新規顧客を集めてくれ、こうして企業を成長させる。特に成熟産業では、このような行為が果たす役割は大きい。広告宣伝費など、新規顧客一人当たりに多額の獲得コストがかかるからだ。この手のマーケティングコストは、利益成長を阻害するものでもある。したがって、成熟産業で成長を持続するには、マーケティング上、顧客ロイヤルティに頼るしかないといえよう。

ロイヤルティを測定するうえでの問題点

ロイヤルティと利益成長とは密接な関係にあるため、まさしくロイヤルティは測定・管理されなければばならない。しかし残念なことに、現在使われている測定方法はほとんど役に立たない。複雑すぎるためラインマネジャーが利用できないばかりか、測定結果からして信用できないものになりがちである。

優良企業の中には顧客継続率に注目するところもあるが、これとて中の上程度の手法でしかない。たしかに多くの業界で、顧客継続率と収益性の相関が確認されているが、成長性となると、そうでもない。それもそのはずで、顧客継続率の主たる焦点はバケツの水が増えることではなく、離反顧客、すなわち減ることに注目しているからである。

顧客継続率はロイヤルティ指標としては適切とはいえない。スイッチングコストを発生させたくないというだけで留まる顧客が存在する一方、年齢の問題や所得の増加といった必然的な要因から卒業していく顧客もいるからだ。このように顧客継続率と成長率の関係が確認できない以上、顧客継続率のデータだけに頼って多額を投資するのは危険である。

とりわけ信頼が置けないのは、従来型の顧客満足度調査である。顧客満足度と実際の顧客行動、成長率との間に明白な関係性はない。投資家たちも、ACSI（全米顧客満足度指数）のような調査報告にそれほど関心を払っていないようだ。(注1) ACSIは米国企業二〇〇社余を対象とした顧客満足度調査であり、『ウォール・ストリート・ジャーナル』紙で四半期ごとに発表される。ところが一般的には、顧客満足度が高い企業が際立った売上高成長率を示しているわけではなく、両者に密接な関係は見られない。それどころか正反対の結果を招くこともある。たとえばKマートは、ACSIの評点を大きく伸ばした直後、売上げが急激に落ち込み、結局は破綻という憂き目に遭った。

顧客満足度調査はいくら手の込んだものでも、致命的欠陥がつきものだ。このことを実感したのは、ある自動車会社（ビッグスリーの一つ）が同調査を実施した時のことである。同社のマーケティング担当役員は、顧客満足度調査に数百万ドルを費やしたにもかかわらず、ディーラーの収益性と成長性が調査結果と一致しないことに首をかしげていた。そこで我々がディーラーでヒアリング調査を実施したところ、次のような本音を吐露してくれた。「顧客満足度の向上を目標に掲げる道理はわかるのですが、実のところ、収益性や成長性に照らすと、はるかに重要なことがほかにあります」

それは営業担当者の尻を叩くことであり、派手に宣伝を打ってショールームに見込み客を引き寄せることであり、また、できるだけ値引きせずに車を売ることだという。ディーラーたちは「顧客満足度調査はたいてい張りぼてだ」と肩をすくめる。彼らはメーカーににらまれ、人気モデルの配分を減らされることを恐れている。そこで高い満足度が得られるよう営業担当者に発破をかけるが、ほとんどが既存顧客に「何とか助けてください」と頼み込んだり、あるいはマットやオイル交換といったプレゼントを用意したりするのが関の山である。

これらはおおむねディーラーの方針でもあるため、調査結果はますます歪んだものとなり、事態をいっそうややこしくしている。なかには事情通の顧客もいて、かなりの値引きで話がまとまった後でも顧客満足度調査を餌に、さらに五〇〇ドルの値下げを要求してくるケースすらある。

顧客ロイヤルティと満足度を正確に測定できるかどうかは、極めて重要である。正しく測定できれば、ロイヤルティについて具体的な目標を立て、それを業績と比較できる。つまり、他の事業活動と同様、収益性やその質を管理できるようになるのだ。かつてITが発達すれば、ロイヤルティを正確に測定できるようになると思われた時期もあった。たとえば、高度なCRMシステムは顧客行動をリアルタイムに把握できるものと期待されたのである。

しかしいまのところ、そのような技術が実用化されているのは、ごく一部の業界だけである。購買頻度が高く、顧客ロイヤルティの変化を素早く特定し、対処できる業態、たとえばクレジットカード会社や食品雑貨店などで成功しているだけだ。

顧客は三種類いる

顧客ロイヤルティを正しく測定する方法を見つけるために、我々は通常の顧客調査と異なる方法を編み出した。顧客一人ひとりのアンケート回答と長期的な購買行動やクチコミを照合させたのである。この調査ではサトメトリックス(注2)の協力を仰ぎ、またベイン・アンド・カンパニーのスタッフにも参加してもらった。

四年前、私とベインの同僚たちは、二〇項目ほどの質問から成る顧客アンケート「ロイヤルティ測定テスト」を考案した。これは、企業と顧客の関係を明らかにするうえで大いに有用である。(注3)今回これを、六業種、すなわち「金融サービス」「CATV」「電話サービス」「PCのeコマース」「自動車保険」「インターネット・サービス・プロバイダー」（ＩＳＰ）の顧客数千人に実施した。アンケートを依頼するに当たっては、公開されている顧客リストを利用した。次に、回答者一人ひとりの購買履歴を調べ、またクチコミの有無については具体的な事例を尋ねながら確認した。購買履歴がない、あるいはクチコミした経験のない顧客には、さらに半年から一年を待って同様の調査を実施した。

こうして、四〇〇〇人以上から情報を収集した結果、一つの企業で十分なサンプル数が確保され、そこには質問項目と購買行動やクチコミとの関係を測定できたケースが一四件あった。統計的に見て、リピートオーダーやクチコミと最も関連性の高い質問項目が判明した。しかもそれは、期待以上に有効なものだった。我々としては一業種につき、少なくとも一つは相関する質問項目を見つけたいと考えていた。何と実際には、ほとんどの業種で、ある特定の質問が顧客行動と見事に結び付いていたのである。

その質問とは、「この会社を友人や同僚に紹介したいと思いますか」である。

これは一四件のケースのうち一一件で、一番目もしくは二番目に顧客行動との関連性が高かった。また、残り三件のうち二件では三番目だったが、一番目、二番目との差はごくわずかであり、この質問だけでアンケートを実施しても、結果は変わらないようだった（図表5-1「質問を厳選する」を参照）。

この調査結果に、我々は少なからず驚いた。ここ数年、社員のロイヤルティを中心に研究してきたせいか、最も関連性の高い質問は「この会社はロイヤルティを傾けるに値しますか」だとにらんでいた。ところが顧客は、ロイヤルティという抽象的な概念ではなく、その究極の表現と言うべき、クチコミの有無を選んだのである。

図表**5-1**｜**質問を厳選する**

顧客ロイヤルティと成長率に関する調査の一環として、アンケートの回答と実際の顧客行動（リピートオーダーやクチコミなど）との相関について調べてみた。このような顧客行動は、いずれ利益成長をもたらすからである。4000人にアンケートを実施し、顧客行動との相関性から質問を選り分けたところ、以下のような結果が出た。

余談だが、複数の質問から成るアンケートを一つの指標にまとめようとして、各質問の有効性に応じて加重平均した指標も考案してみたが、顧客行動との間にほとんど相関性は見られなかった。

さまざまな業界で際立って有効だった質問
▶この会社を友人や同僚に紹介したいと思いますか。
いくつかの業界で有効だった質問
▶この会社にはロイヤルティを感じますか。
▶この会社の商品やサービスを購入し続けますか。
特定の業界では有効だったが、全体としては意味がなかった質問
▶この会社は同業他社より優れていると思いますか。
▶この会社はあなたにとって取引しやすいですか。
▶この種のプロバイダーを初めて利用する場合、あなたはこの会社を選びますか。
▶この会社は画期的なソリューションを提供しており、あなたの生活を快適なものにしていますか。
▶総合的に見て、この会社に満足していますか。

もう一つ、我々の予想を裏切ったのは「この会社は同業他社より優れていると思いますか」という質問だった。これは、顧客が得た経済的利益や対応の適正さについて問うものだが、顧客行動との関連性は意外にも低かった。

一方、予想通りだったのは「総合的に見て、この会社に満足していますか」という質問である。いくつかの業種では有効だったが、全般的には利益成長との関連性は低かった。

かくして我々は、求めていた質問、すなわち「この会社を友人や同僚に紹介したいと思いますか」という質問を探し当てた。次に、この質問への回答形式について考え始めた。統計学の専門家には言うまでもないが、これは一筋縄ではいかない仕事である。

マネジャーが利用しやすいように、顧客ロイヤルティを実用的な戦略目標に置き換え、必要とされる配慮や組織的な対応に従って顧客を分類するには、質問と同様、回答形式にも単純明快さが求められる。これは、顧客が虚心坦懐に企業を評価できるだけでなく、社員やパートナー企業がその結果を容易に解釈し、対応できるものでなければならない。理想としては、投資家や規制当局、ジャーナリストなど、社外のステークホルダーにも、解説書や要約なしでほぼ理解できるくらいが望ましい。

このような点を踏まえ、「ぜひ紹介したい」は一〇、「まったく紹介したくない」は〇、「どちらでもない」は五、といった段階評価を設定した。そして顧客の回答とリピートオーダー、クチコミを突き合わせたところ、顧客は理論上、次の三つに分類できることが判明した。

❶推薦者：最も頻繁に購買とクチコミを行う顧客。その評点は一〇もしくは九。
❷中立者：まあまあ満足している顧客。その評点は八もしくは七。
❸誹謗者：六以下の顧客。

ここで推薦者を最も熱心な支持者だけに絞ったのは、評点が不要に上昇することを避けるためである。従来型の顧客満足度調査では、中立者まで「満足している」に区分され、しばしばこのような評価インフレが起こっている。実際、エンタープライズが熱心な支持者だけに焦点を絞ったのも、このような弊害を避けるためだった。

顧客を、推薦者、中立者、誹謗者の三つに分類する方法は単純でわかりやすく、顧客行動を予測するのに打ってつけである。そのうえ、現場のマネジャーたちに取り組みやすい目標を提供する。満足度指数の平均値を高めることよりも、推薦者の数を増やし、誹謗者の数を減らすほうがいたって実践的だろう。

利益成長率との相関性を検証する

以上、六業種一四企業にわたって、顧客アンケートに注目し、その回答結果についてリピートオーダーとクチコミとの関係を分析してきた。ただし真の目的は、アンケートの回答結果と企業の成長率との関係を明らかにすることである。

相関が見られる業界を探し出し、それを他の業界でも確認しなければ、この手法は真に価値があるとはいえない。そこで二〇〇一年の第1四半期、サトメトリックスは前回とはまったく異なる顧客群を対象に、再びアンケート調査を開始した。具体的には、十数業種、四〇〇社以上の顧客数万人に、その会社を紹介したいかどうかを尋ねるアンケートを実施した。アンケートを送付するに当たっては、サトメトリックスの顧客リストではなく、公開リストを利用した。調査はメールを用いて、回答者には馴染みの企業一社ないし二社について段階評価を頼んだ。なお回答数は、四半期ごとに一万〜一万五〇〇〇件だった。

次に、業界ごとに、各企業の推薦者の正味比率（推薦者の比率から誹謗者の比率を差し引いたもの）と成長率との関係について調べた。調査対象は、成長率を比較するうえで信頼できるデータがあり、また十分な回答件数が得られる業界に絞った。結果は驚くべきものだった。航空業界では、推薦者の正味比率と一九九九年から二〇〇二年までの利益成長率の平均に強い相関関係が見られたのである。成長率の違いが一目瞭然だった。推薦者の正味比率が横ばいだった企業は例外なく伸び悩んでいた。

このような傾向は、程度の差こそあれ、ほとんどの業界で確認された。レンタカー業界もしかりである。エンタープライズの成長率と推薦者の正味比率は業界一だった（**図表5-2**「クチコミによる成長」を参照）。

もちろん、この質問で成長率を正確に予測できない業界もあれば、まったく無関係な業界もある。たとえば、データベース・ソフトウェアやコンピュータシステムといった業界の場合、ベンダーの選択は経営幹部の仕事だが、彼らのメールアドレスは通常公開されていないため、アンケートを送付できない。またコンピュータシステムのユーザーに「このシステムを友人や同僚に紹介したいと思いますか」と尋ねるのは、いささか現実離れしている。そもそもこれらユーザーはほかに選択肢がないからである。これらのケースでは「この会社は同業他社より優れていると思いますか」「この会社はロイヤルティを傾けるに値しますか」といった質問のほうが適切だった。

言うまでもないが、寡占に近い業界では顧客に選択の余地がないため、例の質問では成長率を予測できない。たとえばCATVおよび地域電話会社の場合、成長率は顧客満足度ではなく、その地域における人口の増加と経済成長によって決まってくる。またニッチ企業の中には、推薦者の正味比率が示唆する成長率を大きく上回るところもあった。

ともあれ、ほとんどの業界では、顧客が他人に紹介したくなるほどの強い支持がなければ、企業はまず成長しないことは確実である。その意味から、推薦者の正味比率の算出は有用であると考えられる(章末「推薦者の正味比率」を参照)。

レンタカー業界

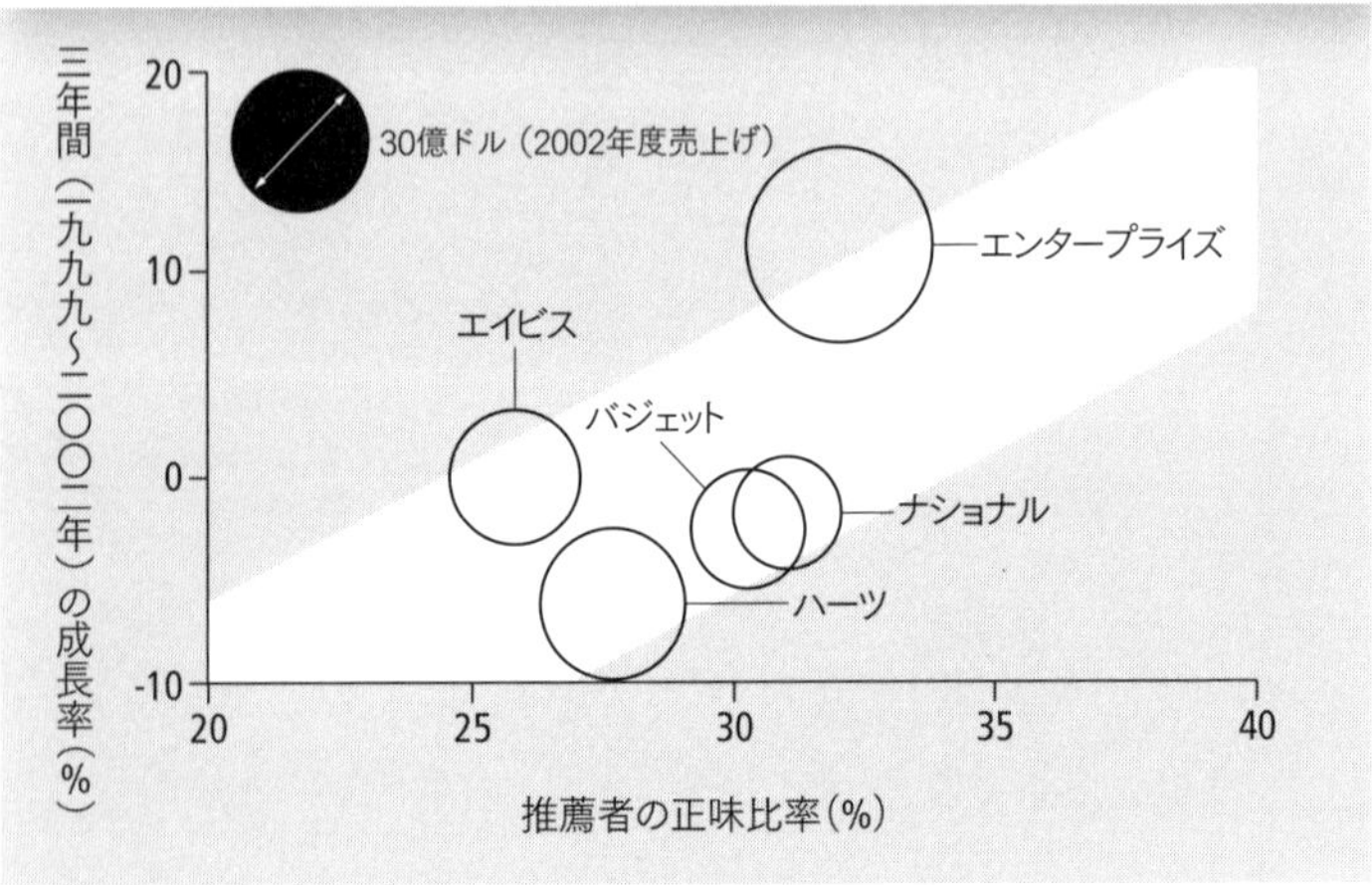

30億ドル（2002年度売上げ）
エンタープライズ
エイビス
バジェット
ナショナル
ハーツ
三年間（一九九九〜二〇〇二年）の成長率（%）
20
10
0
-10
20
25
30
35
40
推薦者の正味比率（%）

図表**5-2**｜**クチコミによる成長**

我々の調査によれば、ほとんどの業界で、企業の成長率と推薦者の正味比率（推薦者の比率から誹謗者の比率を差し引いたもの）に、明らかな相関が見られた。なお、企業規模と推薦者の正味比率との間には、何の関係も見られなかった。

航空業界

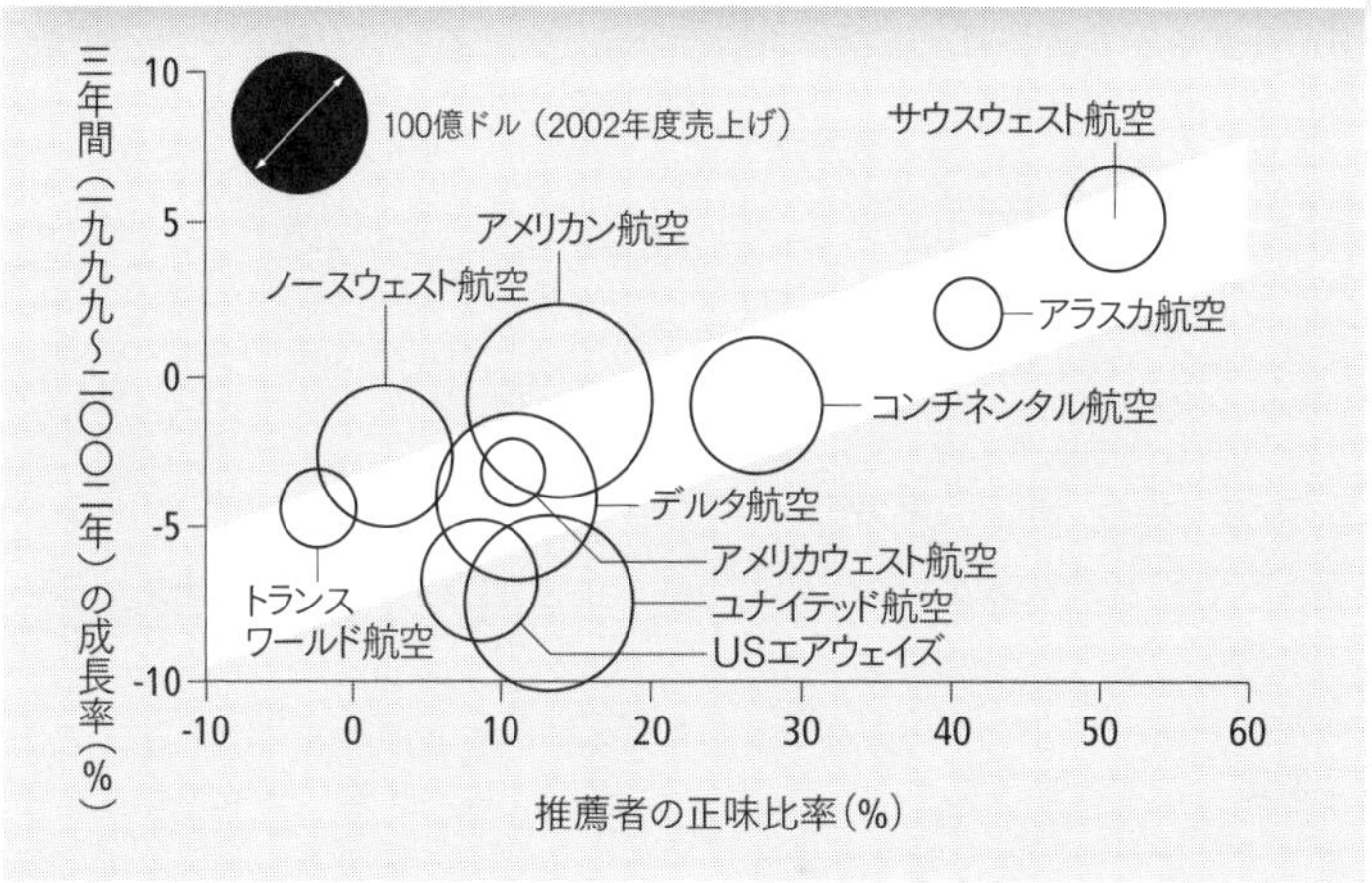

インターネット・サービス・プロバイダー（ISP）

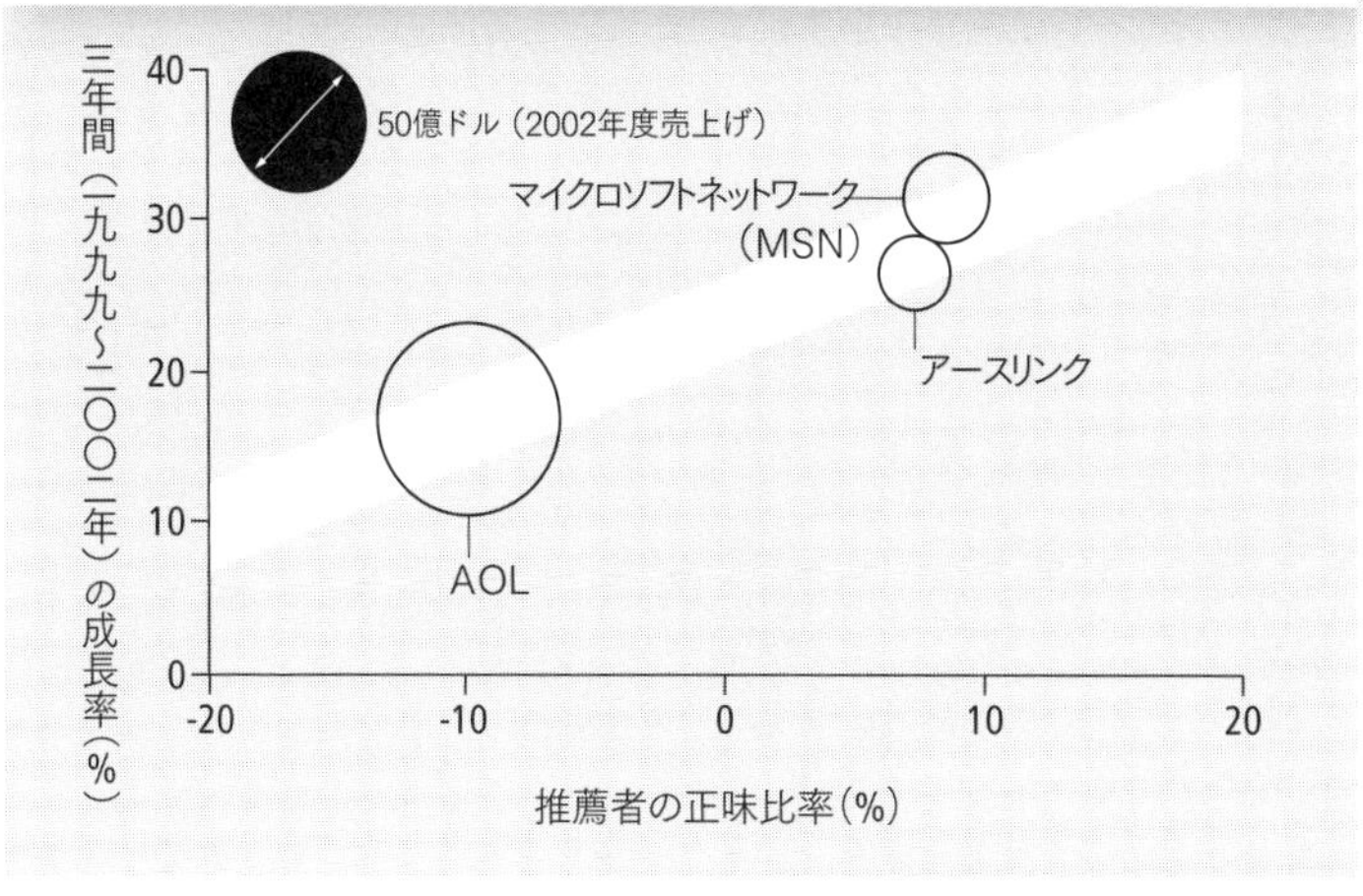

誹謗者の影響力

ＡＯＬタイムワーナー、マイクロソフトネットワーク（ＭＳＮ）、アースリンクといったＩＳＰ各社の成長率を見ると、筆者らの研究結果の正しさが証明される。

市場リーダーのＡＯＬは、ここ数年間、新規顧客の獲得にやっきになっていたおかげで、離反顧客の多さを相殺して余りある顧客を獲得できた。しかし、顧客ロイヤルティを高め、推薦者を育てることには無関心で、質問やトラブルの問い合わせ先がわからないほど、顧客サービスは粗悪だった。

またＡＯＬは、現在伸び悩んでいる。顧客数は最多で三五〇〇万人に達したが、推薦者と誹謗者の相殺が響き、その後は成長していない。どんなに大勢の人が「無料お試しキャンペーン」に引き寄せられても、それ以上の既存顧客が去っていった。実際二〇〇三年には、月平均二〇万人を超える顧客が離反した。この流れを何とか食い止めようとマーケティングに励んだが、そのコストは次第に膨れ上がっていった。その結果、オンライン広告の失敗も相まって、二〇〇一年から二〇〇三年でキャッシュフローは約四〇％減少した。

我々の調査によると、二〇〇二年の時点でＡＯＬの顧客は、四二％が誹謗者、三二％が推薦者だった。つまり、推薦者の正味比率はマイナス一〇％となる。現在、経営陣は局面の打開に努めているが、ＡＯ

Lに失望した顧客が、家族や友人、同僚、知人に否定的な意見を露わにすることは必至である。またAOLは、ダイヤルアップ接続サービスに関して顧客からの支持が低い。この点で同業他社に後れを取ったことが成長率を引き下げている。

たとえばMSNは、ペアレンタル・コントロール（公序良俗に反する情報を含むページを表示できないようにする）や、スパム・フィルター（迷惑なスパムメールを自動削除する）など、機能面の充実を図るため、R&Dに五億ドルを投じた。二〇〇三年における推薦者の比率は四一%に達し、誹謗者のそれは三二%まで減少した。したがって、推薦者の正味比率は九%ということになる。同時期、アースリンクは推薦者の正味比率でMSNに肉薄していた。ダイヤルアップ接続サービスの質を高め（通信時の耳障りな信号音や接続の中断を最小限に抑えた）、電話によるカスタマーサポートを充実させた。

成長を求めるならば真のロイヤルティを構築すべきであり、大幅な値引きなどで短期的に効果を上げようとするのは愚策である。まさしくAOLがその証左である。AOLの苦い経験を見れば、誹謗者の言葉がいかにマイナス影響を及ぼすかがわかるだろう。裏を返せば、推薦者のクチコミも同等の影響力があるということである。

汚名を返上するには、強烈なプレミアムを繰り出し、懐疑的な顧客たちに商品やサービスを試しにでも経験してもらわなければならない。新規顧客の獲得にはただでさえ莫大なコストがかかるが、このようなプレミアムはそのコストをさらに押し上げる。しかも多くの場合、誹謗者は社員たちの重荷にもなる。これは中立者も同じで、推薦者以外はサービスコストを増加させる。また誹謗者が一人増えることは、推薦者を一人増やすチャンスを失うことでもあり、その意味での損失も大きい。何しろ推薦者は、無償で商品やサービスを売り込み、企業成長を促進してくれる、善意の営業担当者なのだから。

アンケートの中身を変える

今回考案した顧客アンケートの主たるメリットは単純明快さにある。必要最低限の質問しか用いないため、集計が短期間で済み、タイムリーに活用できる。

一方、顧客満足度調査では通常、複雑なデータが数カ月も遅れて現場のマネジャーの元に届く。不特定多数の顧客がつけた点数を複雑なアルゴリズムで加重平均した結果を部下たちに伝えなければならないのである。アンケートが実施された時には、その支店で働いていなかった部下にまで昔の数字を説明しなければならない。何とも気の毒である。

ただし、アンケートを変えれば、シナリオも変わる。支店長は、前週もしくは前日に実施した調査の結果を発表する。内容は、自店の推薦者、誹謗者、中立者の比率と氏名である。そして「推薦者の数を増やし、誹謗者の数を減らし、利益成長を促進しよう」といった単純明快、実行可能、部下にやる気を起こさせる目標を掲げる。つまり顧客調査は、市場調査ではなく営業管理ツールとして利用すべきなのである。いま一度、エンタープライズの例を思い出してほしい。現在のシステムを構築するに至ったのは、サービスの質を顧客に評価してもらうという新しいロイヤルティ測定法を思い付いたからである。

最初のうちは、ありきたりの質問がいくつも並び、集計に手間がかかるものだった。その挙げ句、地域ごとの平均的なサービスの質しかわからない。興味深いデータではあるが、実用に資するものではない。責任の所在を明らかにするには、地域ごとではなく支店ごとの調査結果が必要だからである。

そこでエンタープライズは徐々にアンケートの規模を拡大し、支店ごとのデータを集めるようになった。同時に質問項目を大幅に減らした。おかげで集計が楽になり、毎月、アンケート回収後間もなく、支店単位のデータを発表できるようになった。

その後、顧客の回答と実際の購買行動、クチコミとの関係について調査を進めた。そして、熱心な支持者がいかに大切な存在であるかに気づいた。サービスに最高点をつけた顧客たちは、次に高い点数をつけた顧客たちと比べても、リピート率が三倍だったからである。誹謗者予備軍、すなわち中立かそれ以下の点数をつけた顧客の場合、追跡調査の担当者がその顧客の許可を得たうえで、担当の支店長に連絡した。支店長はていねいに謝罪し、問題の原因を究明し、解決に取り組んだ。

このロイヤルティ測定システムを維持するには、年間四〇〇万ドル以上のコストがかかったが、ロイヤルティが大きく向上したため、最も有意義な投資の一つであると、経営陣も認識するようになった。また同システムを導入した結果、社員たちには明らかに緊張感が生まれた。ただし、なかには自動車ディーラーに入れ知恵されたのか、自分に有利に働くよう、このシステムを操作しようとした支店長も何人かいた。たとえば、満足度の低い顧客の電話番号を書き換え、追跡調査を妨害するといった具合である。もちろん違反者は見逃されることなく、厳罰に処された。

こうしてエンタープライズは成功を収めたが、CEOのテイラーはまだ満足しなかった。各支店の成績はただちに改善されたとはいえず、最も業績の高い地域と最も悪い地域との間には依然として大きな格差が存在していたからである。

問題は緊張感の欠如にある――。これがテイラーの結論だった。そこで、アンケート結果をマネジャーの昇進に反映させるという方針を打ち出した。担当する支店や地域の結果が全社平均を下回るマネジャーには昇進の資格を与えないことにした。かなり思い切った手段である。言わば、マネジャーの昇進や昇給への拒否権を顧客に与えたようなものだ。この顧客フィードバックシステムを厳密に実施したところ、その影響は鮮明に表れた。調査結果が上向くにつれて、業界内における相対的な成長率が向上したのである。エンタープライズは事業を拡大、成熟させてなお、成長率を維持した。その決定的な理由の一つは、テイラーによれば、顧客の評価を社員の昇給に反映させたことだという(注4)。

推薦者を増加させる

こんなに簡単に顧客からのフィードバックを集め、現場に伝えることができるならば、なぜこれまで行われてこなかったのだろうか。うがった見方をすれば、その原因は市場調査会社にあるように思われる。本稿で紹介したような簡単な方法ではとても儲からないからだ。従来通り、独自に考案した二〇近くの質問をアンケートにまとめ、部外者にはまるでわからないスケーリング関数で算出したロイヤルティ指標のほうが高い料金を請求できる。

さらに大きな不安もある。メールや分析ソフトウェアが開発されたいま、最先端を走る企業であれば、このような調査会社を利用するまでもなく、みずから顧客からのフィードバックを収集できる。しかも、より良質な情報をより短期間で、余計なコストをかけずにだ。

顧客からのフィードバックをみずからの手で集め、即座に集計し、現場の社員やマネジャーに伝えられるとなれば、市場調査会社のみならず、マーケティング部門も厳しい立場に立たされる。顧客調査のデータを掌握し、それに解釈を与える仕事、つまり社内交渉力の源泉が揺るがされるからである。従来マーケティング部門は、ブランド・イメージ、プライシング、商品の特徴など自分たちで決定できるものばかりを顧客調査の対象に掲げてきた。ところが、顧客がその会社を友人に紹介したいかどうかは、現場における対応によって決まる。つまり、企業の成否を左右するのは顧客の経験に関わる部門すべてなのだ。

ロイヤルティ指標は実用的で簡単に運用できるだけでなく、信頼度の高いものでなければならない。つまり、推薦者の正味比率を割り出したうえで、それに応じて現場のマネジャーが対処できるようでなければ、無意味なのだ。それゆえ、全部門がアンケートのプロセスと結果に責任を負い、受け入れる体制が不可欠である。また、どの顧客が誰の担当かについて全社員に公開しなければならない。もろもろ考え合わせれば、一連のプロセスを統轄するのは、マーケティング部門ではなく、CFOや事業部門のゼネラルマネジャーのほうが適している。社内政治の面から見ても、ある特定の部門に丸投げするのは得策ではなかろう。

利益成長を続けるための第一歩は、推薦者を増やし、誹謗者を減らし、目下の推薦者の正味比率を全社員に公開することである。成長のための究極の指針は、ほかでもない、推薦者の正味比率である。この数字は単純だが、意味深長である。

推薦者の正味比率

推薦者の比率から誹謗者の比率を引いたものが、推薦者の正味比率である。この数値を継続的に調べると、顧客ロイヤルティを測定・管理するうえで大変役に立つ。業界内でこの数値が最も高い企業は、例外なく成長率もトップ水準にある。以下に、その算出方法と利用方法について説明する。

まず、「この会社を友人や同僚に推薦したいと思いますか」という顧客アンケートを、統計学的に有効な規模で実施する。一〇（ぜひ推薦したい）から〇（まったく推薦したくない）までの段階評価であり、五は「どちらでもない」となる。この形式を途中で変えてはならない。質問数を増やすことは厳に慎む。データの信頼性が損なわれ、回答率も落ちるからだ。

顧客の種類（推薦者・中立者・誹謗者）を見分けるには、たった一つの質問で十分である。ただし、顧客が抱いた印象の良し悪しを明らかにし、具体的な解決策を探すうえでは追加の質問が必要になるが、それは顧客の種類によって変えるべきだろう。また、中立者を推薦者に育成する、あるいは誹謗者の問題を解決するといった場合、尋ねるべき質問は異なる。

アンケートの回答が一〇もしくは九だった顧客（推薦者）の比率から、六以下の顧客（誹謗者）の比率を差し引き、推薦者の正味比率を算出する。

思ったより低い数値が出ても驚かないでほしい。サトメトリックスが二年余りにわたって収集した約一三万件の回答に基づいて、二八業種四〇〇社以上の企業について調べたところ、推薦者正味比率の平均値はわずか一六％だった。推薦者の正味比率は、地域、支店、販売やサービス担当、顧客セグメントごとに比較する。これによって、共有すべきベストプラクティスや差異の原因がわかる。

さらに重要なのは、同業他社との比較である。市場調査員を使って同じ手法で調査すれば、自社のポジションを確認できる。その結果、現在の推薦者の正味比率が競争優位となる資産なのか、あるいはそれを損なう負債なのかが明らかになる。

正味比率を算出した後は、その向上に努める。イーベイ、アマゾン・ドットコム、ＵＳＡＡといった顧客が最も力強く推薦する企業の場合、推薦者の正味比率は七五〜八〇％を超える。世界水準のロイヤルティと、それに伴う成長率を追求したいのであれば、目標はこの辺りに置くべきだろう。

【注】

（1）ＡＣＳＩは、一九九四年からミシガン大学ナショナル・クオリティ・リサーチセンターが中心となって考案された、顧客満足指数。同センターの調査によると、ＡＳＣＩと株価には相関があることが明らかになっている。詳しくはミシガン・ビジネススクール教授のクレズ・フォーネルへのインタビュー、「顧客満足と株主価値の良循環」（ＤＨＢＲ二〇〇二年七月号）を参照されたい。

（2）顧客フィードバックをリアルタイムで収集、分析するためのソフトウェアを開発する企業。筆者が取締役を務める。

（3）http://www.loyaltyrules.com/loyaltyrules/acid_test_customer.htmlで閲覧可能。

（4）同社の調査の詳細については"Driving Customer Satisfaction," HBR, July 2002.（邦訳「顧客満足と業績をリンクさせるマネジメント・ツール」ＤＨＢＲ二〇〇二年一二月号）を参照されたい。

第**6**章

「つながり」のブランディング

マッキンゼー・アンド・カンパニー プリンシパル
デイビッド C. エデルマン

"Branding in the Digital Age"
Harvard Business Review, December 2010.
邦訳「『つながり』のブランディング」
『DIAMONDハーバード・ビジネス・レビュー』2011年4月号

デイビッド C. エデルマン
(David C. Edelman)
マッキンゼー・アンド・カンパニーのプリンシパル。同社の「グローバル・デジタル・マーケティング・ストラテジー・プラクティス」の共同リーダーを務める。

多様化する顧客接点

インターネットは、ブランドに対する消費者の関与の仕方に大きな影響を与えている。そして、マーケティングの経済性を転換し、マーケティング部門の伝統的な戦略や組織構造の多くを陳腐化させつつある。マーケターは、従来のやり方ではもはや立ち行かなくなっている。

次のことを考えてみてほしい。つい先頃まで、自動車の買い手は入手可能な選択範囲を入念に狭めていき、最終的に自分の基準に最も合ったものを選び出していた。その後、ディーラーは相手を話に引き込んで車を販売した。ひとたび売買が終わると、ディーラーやメーカーと買い手との関係はそれきりで終わるのが通例だった。

だが今日では、消費者は手当たり次第にブランドと関係を持つようになった。メーカーや小売企業がコントロール不能な、あるいは存在すら知らない新たなメディアチャネルを通じて、無数のブランドと接触し、次々と現れるブランドを品定めし、多くの場合、候補の範囲をいったん広げてから絞りにかかる。そのような消費者は、購入後もブランドに積極的に関与し続けることがある。購入した製品を大衆に薦めたりけなしたり、ブランドの成長に力を貸したり、ブランドの意味そのものを問い直したり方向付けたりする。

消費者は従来と変わらず、明確なブランドの約束と、彼ら彼女らが価値を認める製品やサービスの提供を求めている。変わったのは、消費者がどの時点、すなわちどのような「顧客接点《タッチポイント》」で最も影響を受けやすいか、また、企業がその接点においてどのように消費者と交わることができるか、という点である。これまでは、ブランド認知を構築し、購買時に財布の口を開かせる、という二つの顧客接点に経営資源を最大限に投入するマーケティング戦略が功を奏してきた。しかし今日においては、顧客接点の数と性質が激的に変化している。このため、マーケターは、消費者が実際に時間を費やすところに戦略と予算を振り向けるよう、大幅な軌道修正を迫られている。

じょうごモデルは通用しない

マーケターは長い間、かの有名な「じょうご」の比喩を使って、顧客接点について考えてきた。つまり、消費者はたくさんのブランドを念頭に置いて、じょうごの広い口から出発し、候補を絞り込んでいって最終決定に至るというものだ。企業は通常、有料メディアによるプッシュ・マーケティングを用いて、じょうごが挟まっていく途中にある、いくつか特定の顧客接点で、ブランド認知を高めたり、消費者に検討を働きかけたり、最終的に購入を促す。

ところがこの比喩は、消費者のブランドへの関わり方が変化しつつあることを見過ごしている。私の同僚のデイビッド・コートは他の三人の共著者と、『マッキンゼー・クオータリー』二〇〇九年六月号で、「消費者の購買意思決定の旅」（CDJ：consumer decision journey）という、消費者のブランドへの関与に関する、より精緻な見解を紹介した。このモデルは、自動車、スキンケア、保険、家電、携帯電話の五業種について、三大陸にわたるおよそ二万人の消費者を対象に行った購買意思決定の研究をもとに開発された。その調査によれば、今日の消費者は購買に至る過程で、選択範囲を体系的に狭めていくのではなく、もっと反復的で、それほど絞り込みをしないプロセスをたどる。このプロセスは、①検討、②評価、③購入、④享受・支持・きずな――という四つの段階から成り立っている（**図表6**「消費者の購買意思決定モデルの比較」を参照）。

❶検討

CDJモデルでは、消費者のトップ・オブ・マインド（真っ先に思い浮かべる商品）の検討対象群から始まる。それらは、広告や店先で目にしたり友人の家で見かけたりした製品やブランドの集合体である。じょうごモデルの検討段階では、最大数のブランドが対象となるが、今日の消費者は、メディアの積極的なアプローチのせいで選択肢が豊富になりすぎるため、出発の時点では検討対象とする製品数を限定していることが多い。

❷評価

消費者が、仲間や評価者、小売企業、ブランドのメーカー、およびその競争相手から情報を得ようとする過程で、最初の検討対象群が拡大することが少なくない。

通常、消費者がより多くのことを知るに従って選択基準が変化し、その結果、新しいブランドが対象群に加えられ、当初あったブランドの一部が振り落とされる。各消費財メーカーや他の情報源について消費者が調査することのほうが、消費者を説得しようとする各消費財メーカーのプッシュよりも、その後の選択を方向付ける公算がずっと大きい。

❸購入

消費者は、実際に店舗に行くまで購買意思決定を先延ばしすることが多くなった。そして、購入時点での働きかけで簡単に決心を変えてしまうこともある。そのため、陳列場所、包装、入手しやすさ、価格設定、店員との対話を改善できる購買時点は、これまで以上に強力な顧客接点となる。

❹享受・支持・きずな

購入の後で、購入した製品あるいは新たなオンライン上の顧客接点に消費者が関与することで、つながりが深化し始める。マッキンゼー・アンド・カンパニーの同僚の考察によれば、顔用スキンケア製品を買った消費者の六〇%以上が、購入後にその製品についてインターネットで調べている。これは、じょうごモデルではまったく抜け落ちている顧客接点である。消費者が購入に満足した時は、クチコミで

NOW 現在 | 消費者の購買意思決定の旅（CDJ）

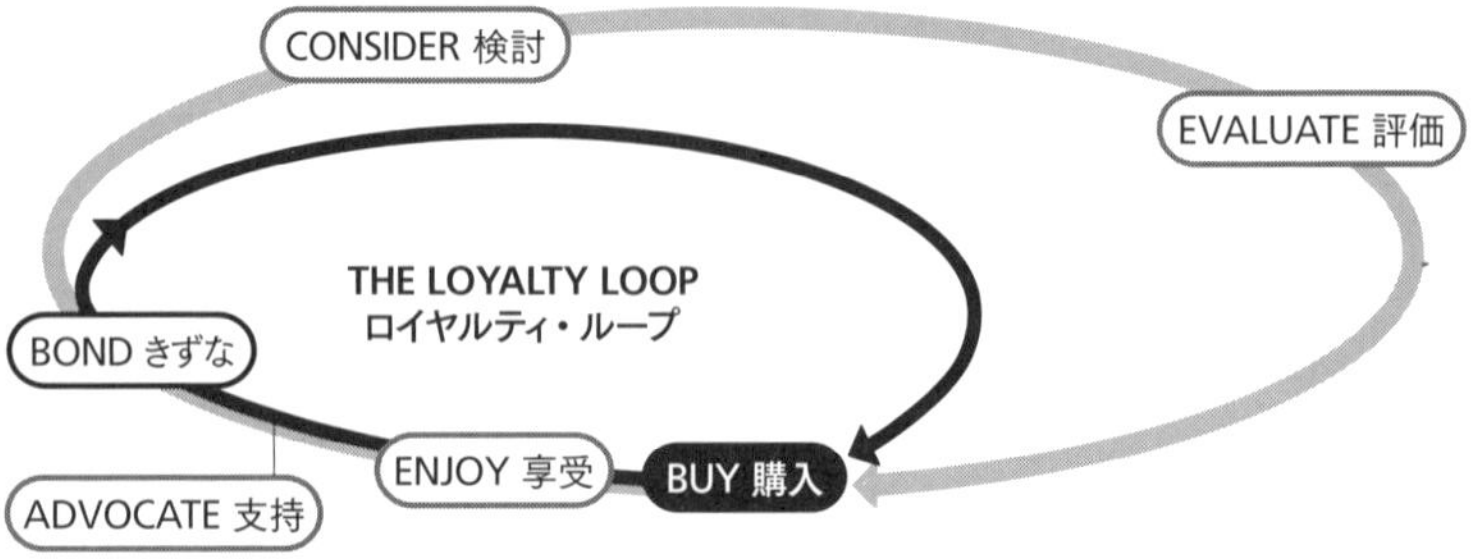

最近の調査によれば、消費者は、選択範囲を体系的に狭めていくのではなく、長期にわたる評価段階の間にたえず検討を行ってブランドを対象グループに加えたり、そこから外したりする。購入後は、そのブランドとの関係性を無制限に構築し、自分の経験をインターネット上で共有することも多い。

Consider & Buy
検討と購入

マーケターは、「検討」と「購入」の段階を過度に重視して、広告を通じたブランド認知の構築や小売店での販促活動による購入の促進に対して、必要以上の経営資源を割り当てることが少なくない。

Evaluate & Advocate
評価と支持

評価段階へと誘導したり、購入後に選択したブランドに関する好意的なクチコミを広げるのを後押ししたりするためのマーケティング投資は、ブランド認知を構築して購入を促すのと同じくらいに重要になるだろう。

Bond
きずな

消費者とブランドのきずなが十分に強くなると、消費者は、以前通った「購買意思決定の旅」の段階を経ることなく、そのブランドを再購入する。

図表6｜消費者の購買意思決定モデルの比較

マーケターは長年、消費者がまず多数の候補ブランドを念頭に置いて事に取りかかり、入念に選定対象を選り分けて、最終的にどれを買うべきかを決定するものと想定してきた。購入後は、消費者とブランドとの関係は通常、製品やサービスの使用に関わるものに限定されていた。

製品への支持を表明して他の人々の評価材料を提供し、ブランドの潜在可能性を高めてくれる。もちろん、そのブランドに失望した時は、関係を断ち切ったり、あるいはもっと悪い事態に陥る可能性もある。一方、きずなが十分強くなれば、その後は、検討と評価の段階をいっきに飛ばして、享受・支持そして購入のロイヤルティ・ループに入ることになる。

CDJモデルが意味するもの

CDJモデルの基本前提は新機軸ではないかもしれないが、マーケティングにおける意味合いは非常に深い。特に次の二つのことが特筆に値する。

第一に、マーケターは、テレビ、ラジオ、オンラインなどのメディアに対してどのように支出を配分するかに心を砕くよりは、CDJの各段階に標的を定めるべきである。

私と同僚が行った調査では、マーケティング費用の最大の配分対象と、消費者が最大の影響を受ける顧客接点の間にずれがあった。我々が数十例のマーケティング予算を分析したところでは、支出の七〇～九〇%が広告と小売店での販促活動に充てられ、検討と購入の段階で消費者を獲得しようとしている。ところが、評価や享受・支持・きずなの段階のほうが、消費者がより大きな影響を受けることが少なくない。多くのカテゴリーでは、他者の支持が購入を促す最も強力なカンフル剤となっている。にもかかわらず、マーケターの多くは、支持の拡大よりもメディアへの支出（主に広告費）を重視している。見栄えのするバナー広告、ベスト・サーチ（価格比較サイト）によるお値打ち商品、しゃれたバイラル・ビデオ（クチコミ映像）によって、ブランドが検討対象になることもある。しかし、その製品へのコメントが思わしくなかったり、さらに悪いことにインターネット上で話題にすらならなかったりすれば、消費者の選別プロセスを通過できる可能性は極めて低い。

第二の意味合いは、消費財メーカー各社の予算が、時代遅れの戦略の必要性を満たすように組み立てられているという点である。

じょうごモデルが支配的だった時代には、コミュニケーションは一方向に限られ、消費者とのあらゆるインタラクションでは、しばしば変動費であるメディア費用が固定費である広告制作費を上回った。経営陣は「実質的なメディア支出」――今日でいう有料メディアに充てられるマーケティング予算の配分――を重視していた。しかし、これはもはや意味を成さない。現在では、マーケターは、自社メディア（企業サイトなど、そのブランドのメーカーがコントロールするチャネル）や、外部の無料メディア（そのブランドの愛好者が集まるコミュニティなど、顧客がつくり上げたチャネル）も考慮に入れなくてはならない。そして、「非実質的なメディア支出」――おびただしい数のチャネルに向けたコンテンツの制作と管理、そのモニタリングと参加に必要となるスタッフや技術――に対して割り当てるべき予算の比重を、ますます増やさざるをえなくなっている。

試験的プロジェクトを立ち上げる

ＣＤＪを中核とする戦略への移行には、次の三つの要素が含まれる。

- 自社の顧客の「購買意思決定の旅」を理解する。
- どの顧客接点を優先し、それをどのように活用するかを決定する。
- 決定に応じて経営資源を配分する。その際、組織上の連携や役割の再定義が必要になることもある。

マッキンゼーのクライアントの一社である世界的な家電メーカーが、ＣＤＪ分析に着手することにした。消費者は同社のブランドに慣れ親しんでいるにもかかわらず、購入間際になると検討対象から外す傾向のあることが、調査の結果明らかになったためである。同社がどこで消費者を失っているのか、あるいは何をなすべきかについて、正確なことはわからなかった。わかっていたのは、マーケティング総支出そのものを配分するために、それまで使用してきたメディアミックス・モデルでは（類似した他のモデルの多くも同様に）、多様な顧客接点における異なるマーケティング目標に向けて、戦略的な投資を預けることは不可能であるということだった。

同社は、主流の新型テレビモデルを売り出すという、一つの事業単位の単一市場でのプロジェクトにおいて、ＣＤＪに基づくアプローチを試験的に採用することにした。ＣＭＯ（最高マーケティング責任者）がその取り組みを指揮したが、社内の連携を容易にし協力を後押しするために、当初からシニアマネジャーが関与していた。本社のデジタルマーケティング担当バイスプレジデントは、業務時間のほとんどをこの試験プロジェクトに充てた。そして、会社全体のさまざまな部門の代表者から構成されるチームを結成した。そこには、マーケティング部門、市場調査部門、ＩＴ部門のほか、不可欠な部門として財務部門が含まれていた。

チームはまず、テレビを購入する消費者がどのような「購買意思決定の旅」をたどるか、つまり、消費者がどのような行動を取り、どのような体験をし、どのような意見を持つかに関する詳細な状況を把握するために、三カ月間の集中的な市場調査プロジェクトを実施した。

❶消費者の行動を知る

同社はオンライン消費者のパネルデータ提供会社と連携して、一群のテレビ購入客を選び出し、彼ら彼女らがどのような検索を行ったか、メーカーや小売企業のサイトを気に入ったか、どのようにオンラインコミュニティに参加したかなど、その購買行動について調査を実施した。

次にチームは、それらの購入客の中から標本を抽出し、デプス・インタビュー（一対一の面談式インタビュー）を実施した。調査の内容は、オンラインとオフラインの購入について、自分がどのような購買意思決定の段階を踏んだと思うか、自分にとってどの情報源が最も有用で、どれが期待通りでなかったか、さまざまなブランドをどのように購買意思決定の対象に加えたり外したりしたか、最終的に購入した理由は何かなどであった。

この調査によって、消費者の購買行動に関するこれまでの経験則のいくつかが裏付けられた半面、同社が長年にわたって考えていた前提の一部が覆された。

調査では、テレビ広告、ウインドーショッピング、クチコミといったオフラインチャネルは、検討段階においてのみ影響力があることが明らかとなった。この段階で消費者がそれまでの経験に基づいて意見を固め、少数の製品やブランドを心に描いていたとしても、その嗜好や検討対象群は非常に流動的なものであった。また、評価段階においては検索エンジンから始めることはなかった。むしろ、最も重要な影響要因になりつつある、アマゾン・ドットコムなどの小売サイトを閲覧していた。これらのサイトでは、製品比較情報がますます豊富に掲載されており、消費者や専門家の採点や画像情報が見られるからである。

一方、大半のメーカーがいまもなお、デジタル関連費用のほとんどを自社サイトの運営に注ぎ込んでいるにもかかわらず、そこを訪れて購入する顧客は一〇人に一人もいなかった。チームは、検討段階ではバナー広告が重要だろうと想定していたが、それがクリックされるのは、割引を提供している時と、消費者が購入段階に近づいた時だけに限られていた。また、大部分の消費者は依然として店舗で購入していたが、通販サイトを通じて購入し、直接配送か店舗受け取りを選ぶ消費者も増加している。

さらに調査では、購入後の享受・支持の段階において、消費者がたくさんのブランドと関わっていることも明らかとなった。この段階も、じょうごモデルでは、すっぽりと抜け落ちている。これらの消費者は購入後、特に販売業者から送られたメールに刺激された時などに、しばしばソーシャルネットワーク内で自分の購入について発言したり、インターネット上に批評を書き込んだりしていた。また、トラブル解決の助言を求めて批評サイトに向かう傾向も見られた。

❷消費者の経験を知る

チームは顧客経験をより理解するために、試買調査の参加者を募り、その一人ひとりに特定の課題を割り当てて実行させた。たとえば、新築住宅で使うテレビを探すこと、寝室の小型テレビを買い換えること、友人宅でテレビを見た後にそのテレビについてインターネットで詳しい情報を集めることなどが、その課題であった。試買調査の参加者は、自分の体験談や競争相手のブランドとの比較について報告した。さらに、同社のテレビが検索エンジンでどのようにヒットしたか、通販サイトでどれくらい目立っていたか、消費者の批評からどのようなことがわかったか、そのテレビについて得られる情報がどれほど完全で正確かなどについても報告している。

その結果は驚くべきものだったが、予想外ではなかった。同社ブランドであろうと競合ブランドであろうと、そのブランドに関与しようとした人たちは支離滅裂な経験を味わったという。サイトのページ構成やモデルの型番が変更されているのに参照先がそのままになっているため、リンクに失敗するのは日常茶飯事だった。通販サイトでは、製品の批評はおおむね好意的だったものの、わずかな数しかなかった。つながらないリンクが大量にあることが一因で、同社製テレビが製品カテゴリーの検索で最初のページに出てくることはまずなかった。

一対一のインタビュー調査でも同じような状況が浮かび上がってきた。消費者からは、すべてのブランドにおいて、型番、製品仕様、特典の利用しやすさ、さらには製品の写真すら、他のサイトや店舗に行くたびに違っているようだ、との報告がなされた。試買調査では評価段階で特定ブランドのテレビを検討した人のほぼ三分の一が、購入段階で矛盾に戸惑い、いら立ちながら店舗を後にした。

同製品カテゴリーにおけるこのような購買行動の混乱からすれば、同社の新しいマーケティング戦略では、検討から購入およびその後の段階に至るまでを統合した顧客経験を提供しなければならないことは明らかだった。実際、問題は製品カテゴリー全体に及んでいたため、この問題に取り組むことで競争優位を生み出せる可能性があった。いずれにせよ、この問題が解決されない限り、他の顧客接点で効果を上げても、ほとんど意味がなかった。

❸消費者の意見を知る

最後に同チームは、人々がインターネット上でそのブランドについて語っている意見に注目した。ソーシャルメディアのモニタリングツールを活用して、消費者が同社製品について議論する時に使うキーワードが明らかになった。それと同時に、深刻な混乱も見出された。

ディスカッショングループの参加者は、テレビの製品用語を誤解しているために、間違った答えを教えることが少なくなかった。製品の採点や購入者の推奨によって、有用かつ広範な論議に発展することもあるが、採点が低いと、会話はどんどん悪い方向へ流れていった。同社の販売促進についてはある程度手応えが得られたものの、多くの場合、ブランドに関する発言はほとんどなかった。評価段階ではインターネット上の支持が強力な働きをするため、発言がないことは重大な問題だった。

CDJモデルの実践

同社のCDJ分析の結果、マーケティングの重点をどこに置くべきかが明瞭になった。テスト発売では、マーケティング支出は有料メディアから別のものに振り向けられた。マーケティング部門は、そのブランドを扱う直販サイトと自社サイトをリンクでつなぎ、これがシームレスになるように小売企業と協力した。

特筆すべきは、クリック・ストリーム（サイト訪問者がページを渡り歩いた軌跡）分析によって、評価段階で同社製品に最も大きな影響を与える顧客接点として、アマゾンが全オンライン小売企業の中で最上位であることが明らかになった点である。そこでマーケティング部門は、アマゾンとの関係を管理する営業部門と連携しながら、アマゾンへのトラフィックを引き付けるためのコンテンツとリンクを作成した。

また、クチコミの拡大を後押しするために、第三者の好意的なコメントをインターネット上で積極的に広めるよう努めたり、既存メディアの消費者を販売促進やソーシャルメディアでの経験を組み込んだオンライン環境に目を向けさせたりした。さらに、オンラインコミュニティに参加したり、コンテストやeDMなどのプログラムを推進したりして、購入後の消費者と継続的な関係性の構築や支持の拡大を図った。

その一方で、首尾一貫しない説明や、購入時点で潜在顧客の決心を鈍らせてしまう他社のメッセージ発信に対処するために、コンテンツを開発・管理するシステムを新たに構築し、すべてのプラットフォームを一貫性あるものにした。

CDJ戦略の成果はどうだったか。新型テレビはアマゾンで売上トップとなり、同社の小売店販売の中で最高の売上げを誇る製品となった。これはマーケターの期待を大きく上回る結果であった。

顧客経験を計画する

ここに事例として挙げた企業が発見したように、「購買意思決定の旅」を徹底的に調査していくと、多くの場合、顧客経験を首尾一貫したものとするための計画の必要性が明らかとなる。また、ブランドそれ自体の境界が拡大されることもある。

顧客経験計画の詳細は、製品、対象セグメント、キャンペーン戦略、メディアミックスによって異なる。だが、その計画が適切に実施された場合、ソーシャルメディアでの議論から店舗での購入経験、メーカーや小売企業との継続的な相互関係に至るまでのすべてが、顧客のブランド認知に関わることになる。たとえばアップルは、専門用語の使用を避け、製品説明の一貫性を確保するように努めた。また、多種多様な説明用ビデオのシリーズを作成し、対面での顧客サポート「ジーニアス・バー」を立ち上げた。そのすべてが、顧客接点を通じた完全な一貫性、正確性、統合性を実現するためのものである。

同様にナイキは、「ジャスト・ドゥー・イット」(行動あるのみ)という同社のモットーを単に消費者に説くだけでなく、実際に消費者がそのモットーを実行に移すのを支援することに焦点を移した。トレーニングデータを記録し送信するナイキ＋《プラス》の機器や、世界的規模のチャリティレース、カスタマイズされたオンライントレーニングプログラムを提供した結果、ナイキブランドへの顧客の関与は、必ずしも購入とともに開始したり終了したりすることがなくなった。また日本の数百万人の消費者は、携帯電話でマクドナルドからの通知を受け取るサービスを契約している。このメール通知は、割引クーポン、コンテストへの参加機会、特別イベントへの招待、ブランド独自のコンテンツなどが含まれ、顧客の好みに合わせたメッセージが提供されている。

これらの企業は、顧客とのつながりを持つために利用できる戦術を見境なく用いているわけではない。むしろ、製品カテゴリー、ブランドのポジション、チャネルとの関係に応じてアプローチを調整している。アップルは、よりパーソナル化したメッセージを発信するための顧客データ・マイニングをさほど行っていない。ナイキのプレゼンスは、検索エンジンではさほど高くない。マクドナルドは、中核的な自社ウェブサイトの活用にそれほど力を入れていない。だが、これらの企業は戦略上の意思決定を周到に下しており、それは自社の優先順位に関する明確な認識に基づいている。

マーケティング部門の新たな役割

統合的な顧客経験を推進するためのCDJ中心の戦略策定とその実施に当たっては、マーケティング部門が新しい役割やより幅広い役割を引き受ける必要がある。我々の知る限り、そのような役割を完全に開発した企業はまだ存在しないが、我々がアドバイスを提供した前述の家電メーカーをはじめ、多くがその取り組みを開始している。

今後、重要性を増すと見込まれる役割として、次の三つが挙げられる。

❶全体的調整者

消費者との顧客接点の多くは、自社ウェブサイト、製品パッケージ、顧客サービスや販売窓口といった自社メディアのチャネルである。通常それらは、マーケティング以外の部門によって実施されている。

我々のクライアントの一社である耐久消費財メーカーは、それらのチャネルを調整する必要性を認識した。そして、自社メディアに関わる職能をCMOの職掌に移管し、その機能を調整する責任を負わせた。現在、同社のCMOは、伝統的マーケティングやデジタルマーケティングのコミュニケーションに加え、カスタマーサービスや市場調査、製品宣伝用パンフレットのデザイン、製品の登録・保証制度も管理している。

❷情報配信者／コンテンツ・サプライチェーンの管理者

マーケターは、たえず膨大な量のコンテンツを制作している。グローバルな規模の配信者になることも多く、時にはリアルタイムのマルチメディアの配信者となる場合もある。彼ら彼女らは、あらゆる製品のマーケティング用・販売用・サービス用のビデオのほか、ソーシャルメディアを通じて提供されるクーポンなどの販促ツール、さらには、顧客がインターネット上で自動車を組み立てて価格設定するのを支援するツールなど、各種のアプリケーションや意思決定支援ツールを提供している。

我々のクライアントである某消費財メーカーは、どのような新製品の発売でも、二〇人以上の各種関係者が関与し、三〇もの異なる顧客接点に到達するための一六〇点以上のコンテンツを制作する必要のあることに気づいた。それほど大量の素材を作成する場合、入念に調整しなければ必ず非効率になり、ブランドを傷つける一貫性のないメッセージを発信する結果となる。我々はベストプラクティスを追求する中で、コンテンツ・サプライチェーンを管理し、首尾一貫した顧客経験を生み出すのに必要な役割やシステムを構築している企業がほとんどないことを発見した。

調整しないままに配信すると、前述の家電メーカーで生じたように、「購買意思決定の旅」を妨げることになりかねない。我々の調査では、マーケティング部門が配信の最高責任者の役割を担い、製品関連コンテンツの制作と流れを統合している会社では、消費者がより明瞭なブランドイメージをつくり上げ、個々の製品の特質をより明確に認知することを可能にしている。

また、そのようなマーケティング部門は、より機敏にコンテンツを扱えるため、最終的に消費者の「購買意思決定の旅」を向上させる販売研修ビデオやその他の新たな用途に合わせて、コンテンツを素早く改良できる。

❸マーケット情報の管理責任者

デジタルの顧客接点が増えるにつれて、ＣＤＪを理解し、顧客経験を統合するために、顧客情報を収集し活用する機会が増加する。しかし、多くの企業ではＩＴ部門がデータの収集と管理、およびそれに関連する予算を一手に握っている。ところがこれらの部門は、従来通り業務効率の向上を重視しているために、マーケティング目標に向けて経営資源を投入しようという戦略的かつ財務的視点が欠けていることが多々ある。このため、マーケティングデータは、これまで以上にマーケティング部門の管理下に置くようにすべきである。

我々のクライアントであるグローバル・バンクが一つのモデルを提供している。その銀行は、顧客と対面するすべての部門の代表者から構成されるデジタル・ガバナンス委員会を設置した。CMOがその委員会を指揮し、戦略を明確に示す役目を担った。また、そこにはCIOも出席し、戦略を実行するための選択肢を提示する一方で、委員会から指示や資金提供を受けることになった。

消費者の洞察を組織全体に伝えるうえで、マーケティング部門がリーダー的役割を果たすことが次第に増えていくものと考えられる。たとえば、消費者がCDJを通過している途中で「発言したこと」を探ることは、製品開発やサービスプログラムにとって大きな重要性を持つ可能性がある。マーケティング部門は、消費者の洞察に対応できるよう、組織の中の適切な人材を集めるべきである。また、購入後のフォローを管理して、企業が確実に方策を講じるようにしなければならない。

旅の始まり

我々がアドバイザーとなり、前述のような道筋をたどる会社では、狭い範囲の事業分野や地域（あるいはその両方）から出発することが多い。そうすれば、消費者の一つの「購買意思決定の旅」を明確に理解したうえで、個別に応じた戦略や経営資源を調整できるからである。

さらに試験的プロジェクトが進むにつれ、企業は不可避的に、局所レベルでは完全には対応できない課題にぶつかることになる。たとえば、コンテンツ管理システムを支援するための新たな全社的インフラが必要になったり、あるいは逆に、狭い範囲の取り組みによく適合させるために、ソーシャルメディアプログラムを調整する必要に迫られることもありうる。

我々が経験した、比較的大きな成功を収めた企業事例では、CMOが経営陣の前で試験的プロジェクトの後見人となった。最も高い成果が期待できるのは、ボトムアップの試験的プロジェクトと、部門横断的な問題、インフラ問題、組織的問題に対処するトップダウン的なCMOの取り組みが、同時並行的に進められる場合である。

最後に、企業は試験的プロジェクトを立ち上げる時は、そのプロセスをはじめ、成功例と失敗例を十分把握し、またプロジェクトの適応性を高め、いつでも拡張できるようにしておかなければならない。その際に注意すべきは、プロジェクトを拡張するに当たり、CDJ戦略の基本アーキテクチャーは変わらないにしても、具体的な方策は個々の市場によって、また製品によって変化する可能性があるという点である。

たとえば、本稿で取り上げた家電メーカーがCDJ戦略を東アジアに導入したことがあった。その時、顧客接点の分析によって、その地域の消費者は、欧米の消費者よりもブログや第三者の批評サイトへの信用が厚い一方で、メーカーや小売企業のサイトには全面的な信頼を置かず、欧米の消費者ほど信用していないことが明らかとなった。

また、インターネットを通じた購入は比較的少ないが、バーコードリーダーを使って購入時に詳細な製品情報を集めるなど、携帯アプリケーションを活用することは増えていた。

＊　＊　＊

デジタル時代にマーケターに襲いかかる変化は、付加的なものではなく、根本的なものである。「購買意思決定の旅」における消費者のブランド認知はこれまでも常に重要だったが、デジタルな顧客接点の驚異的な到達範囲《リーチ》、スピード、双方向性を鑑みると、ブランド経験に対するきめ細かな配慮が必要不可欠であり、経営幹部レベルの管理者が必要となる。

多くの新規企業では、創立者みずからが、必要なビジョンとそれを実行に移す権限を担うが、既存企業においても、その種の管理者を設けるべきである。いまやCMOがリーダー的役割を担うべき時であり、役員室で従来以上に強力な地位を確立して、消費者のブランド経験を企業戦略の中心に据える必要がある。

第7章

ブランド評価の新手法：ブランド・リポート・カード

ダートマス大学 エーモス・タック・ビジネススクール 教授
ケビン・レーン・ケラー

"The Brand Report Card"
Harvard Business Review, January-February 2000.
邦訳「ブランド評価の新手法：ブランド・リポート・カード」
『DIAMONDハーバード・ビジネス・レビュー』2000年月刊化準備号

ケビン・レーン・ケラー
(Kevin Lane Keller)
ダートマス大学エーモス・タック・ビジネススクールのマーケティング学部教授。
著書に*Strategic Brand Management*, Prentice Hall, 1998. がある。

ブランドの全体像を把握できない

ブランド・エクイティを損なうことなく、高めるようにマネジメントすることは、いまや、業界や市場シェアを問わず、あらゆる企業の課題である。ブランド力を維持・強化できれば大きなリターンが得られることは周知の事実である。つまり、ブランド・エクイティを高めれば、顧客ロイヤルティが向上し、利益が創出されるというわけだ。

ただし問題なのは、自社のブランドの強みと弱みを客観的に評価できるマネジャーがほとんどいないことだ。悲しいかな、その大半が「部分」しか把握できていない。ある領域については、自社ブランドの優れた点や改善すべき点などをそれなりに把握しているが、もっと大切な要因を挙げることができない。たしかに、日々のブランド・マネジメントに追われていると、ブランドに影響を与えるすべての要因に目配りすることは難しい。

本稿では、世界の最強ブランドに共通する一〇の特性を明らかにするとともに、「ブランド・リポート・カード」というツールを紹介する。ぜひ、特性ごとにその達成度を評価してほしい。きっと自社ブランドを体系的にとらえ直すことができるに違いない。たとえば、改善を要する領域を明確化したり、ブランドが強みを発揮している領域を把握したりすることが可能になるばかりか、自社の特定ブランドについて、全体からとらえ直すことができる。同様に、競合他社のブランドを分析すれば、その強みと弱みをはっきりさせられる（図表7「ブランド・リポート・カードで格付けする」を参照）。

ただし一つの注意点がある。自社ブランドの弱点がわかったからといって、注力すべき領域を特定できたことにはならない。これは「いままでイノベーションには力を入れてこなかったが、これからはR&Dにもっと経営資源を注ぎ込もう」というようなもので、とても真っ当な意思決定とはいえない。顧客は別の領域に価値を見出しているかもしれないし、時には逆効果になるおそれすらある。

では、一〇の特性について見ていこう。

【第1の特性】顧客が望むメリットを提供している

顧客が製品を購入する、本当の理由とは何だろうか。何も製品の機能だけで決めるわけではない。製品の魅力というものは、ブランド・イメージやサービスの良し悪しなど、有形無形の要因が相まったものだからだ。しかも、顧客は製品のすべてを理解しているわけではないし、場合によっては何がほしいのかすらわかっていない。

スターバックスを例に取ろう。同社は単に「一杯のコーヒー」を提供しているわけではない。一九八三年当時、スターバックスはシアトルの小さなコーヒー豆店にすぎなかった。ある時、現会長のハワード・シュルツが休暇中にイタリアを訪れ、コーヒーカウンターやコーヒーショップの社交場的な役割や

第**5**の特性 **ブランドに一貫性がある**	マーケティング活動の中で矛盾するメッセージを送っていないか。 過去に矛盾したメッセージを顧客に送ったことはないと確信できるか。 マーケティング・プログラムを常に微調整し、最新のものにリニューアルしているか。
第**6**の特性 **ブランド・ポートフォリオとブランドの階層を整合させる**	コーポレート・ブランドは、ポートフォリオ内にあるすべてのブランドを完全に覆う"傘"となっているか。 ブランド・ポートフォリオ内のブランドはニッチを押さえているか。 ブランド間の重複はどの程度か。重なっているとすれば、どの領域か。 これらのブランドは最大限に市場をカバーしているか。 熟慮と正しい理解に基づいてブランドの階層が設計されているか。
第**7**の特性 **ブランド・エクイティのためにマーケティング・ミックスを展開する**	ブランド認知度の最大化を念頭に置いて、ブランド・ネームやロゴ、シンボル、スローガン、パッケージ、サインなどを選択ないしは設計したか。 顧客と流通業者の両者を対象に、「プッシュ」と「プル」を統合したマーケティング活動を実施しているか。 ブランドに関係するマーケティング活動に何があるか、すべて把握しているか。 それぞれの活動の担当者は、自分以外の活動に気づいているか。 ブランドの一貫性を損なわないよう配慮しながら、各コミュニケーション手段が持つ固有の機能を活用してきたか。
第**8**の特性 **顧客から見たブランドの姿をブランド・マネジャーが理解している**	ブランドについて、顧客が好感あるいは嫌悪感を抱く点を把握しているか。 顧客がブランドに抱くイメージの最大公約数について――自社で意図的につくり上げたものか否かにかかわらず――すべて認知しているか。 ターゲット顧客の顧客像について、リサーチに基づいて詳細に描いているか。 ブランド展開の境界線、マーケティング・プログラムの指針のあらましを、顧客の観点からまとめているか。
第**9**の特性 **ブランドを適切かつ長期的にサポートしている**	マーケティング・プログラムを変更する前に、その成功または失敗について完全に理解したか。 R&Dの面から、ブランドを十分にサポートしているか。 市場の衰退や売上高の不振を理由に、マーケティング面からのブランド・サポートを減らしたいという誘惑に駆られた時、これを排除してきたか。
第**10**の特性 **ブランド・エクイティの源泉を定期的にモニターしている**	ブランドの意味やブランド・エクイティ、ブランドの取扱方法などを定義した「ブランド憲章」が作成されているか。 ブランドの健全度を評価し、戦略の方向性を決定するために、「ブランド監査」を定期的に実施しているか。 市場におけるブランドの成績を評価するために、「ブランド追跡調査」を日常的に実施しているか。 マーケターの意思決定に資するため、関連する調査や情報をすべてまとめた、ブランド・エクイティ・リポートを定期的に配付しているか。 ブランド・エクイティのモニターや維持活動に関して、責任者を明確に定めているか。

図表7｜ブランド・リポート・カードで格付けする

自社のブランドを、以下の特性について、「1：非常に悪い」から「10：非常に良い」の10段階で評価してみよう。点数をつけたら棒グラフにするとよい。

次に作成した棒グラフに基づいて、ブランド・マネジメントの関係者全員で議論する。その結果を見れば、改善の必要な領域を特定したり、どの領域で優れているのかを認識したり、自社の特定ブランドがどのように構成されているのかを把握できたりするはずである。

競合他社のブランドについても、そのライバルとして、または顧客として点数をつけ、同様のグラフを作成する。第三者の立場で見ているので、そのブランドが市場でどのように受け入れられているのか、傍目八目である場合もある。

自社のブランドを評価する時も、この点を心にとめておくべきである。できる限り顧客の視点を心がけよう。なお、投じた予算や人員、時間を考慮して評価してはならない。

非常に悪い	1	2	3	4	5	6	7	8	9	10	非常に良い

第1の特性 **顧客が望むメリットを提供している**	顧客のニーズやウオンツが満たされていない点を探ろうとしたことがあるか。あるとすればどのような方法で行ったか。
	顧客が製品やサービスから得られる体験価値を最大化することに、ひたすら注力しているか。
	顧客からのコメントを収集し、そのコメントが実行者に伝わるシステムが組み入れられているか。
第2の特性 **ブランドの関係性が維持されている**	顧客により高い評価を提供できるよう、製品の改善に投資してきたか。
	顧客の嗜好にかなっているか。現在の市場条件についてはどうか。
	製品やサービスを新しいトレンドにうまく適応させているか。
	上記のような知識に基づいて、マーケティングに関する意思決定を下しているか。
第3の特性 **顧客価値に基づいて価格戦略を立てる**	顧客の期待に応え、その期待を上回るべく、価格やコスト、品質を最適化したか。
	顧客の視点からブランド・エクイティをモニターするシステムが適切に組み入れられているか。
	ブランドによって製品の価値がどれくらい高まっているか、顧客の視点から推定したことがあるか。
第4の特性 **ブランド・ポジショニングを適正化する**	競合他社が差別化を狙う領域で類似点を確立したか。
	望ましくかつ実行可能な相違点を確立したか。

居心地のよさに感動した。そのような文化に触発され、そこにビジネスチャンスを見出したのである。一九九七年にシュルツは、ドリー・ジョーンズ・ヤングとの共著『スターバックス成功物語』(注)の中で、当時のことをこのように語っている。

「私にとって、それはあまりに直接的な体験だったので、まるで神の啓示を受けたように震えが止まらなかった。問題ははっきりしている。スターバックスは質のよいコーヒー豆を売っているが、店でお客にコーヒーを飲ませていない。我々はコーヒーを農産物として扱い、袋詰めにしてお客の家に届けているだけなのだ。これでは食料雑貨店と変わらない。そういうやり方は何世紀にもわたってコーヒーが培ってきた文化から、あまりにもかけ離れている」(原文まま)

そこでスターバックスでは、イタリアのような文化を米国にも広めようと、コーヒーショップを次々とオープンさせた。ただし、見落としてはならないポイントがある。スターバックスは初めから終わりまで、つまりコーヒー豆の選定と仕入れ、焙煎、ブレンド、そして消費者の口に入る瞬間まで一貫して管理したことだ。このように極端なまでの「垂直統合」が功を奏して、スターバックスの店舗では、五感すべてに訴えかける優れたサービスが提供されている。コーヒー豆の香りが鼻腔を膨らませ、その味わいはコクにあふれている。関連グッズやアートのディスプレーは目を楽しませ、流れるモダンミュージックもうるさくない。店内は清潔で、テーブルや椅子も体をリラックスさせてくれる。同社が目を見張るほどの成功を遂げたことは疑いようがない。

スターバックスの主要顧客層は、平均して一カ月に一八回来店し、一回当たり三ドル五〇セント使っている。売上高も利益も、一九九〇年代を通じて、年間約五〇％の成長を遂げている。

［第2の特性］ブランドの関連性が維持されている

強力なブランドのブランド・エクイティは、製品やサービスの質のみならず、さまざまな無形の要素と結び付いている。それらには次のようなものが挙げられる。

- ●ユーザー像：そのブランドを利用する人のタイプ
- ●使用イメージ：そのブランドが利用される状況
- ●ブランドの個性：たとえば、「信頼性」「刺激的」「機能的」「粗削り」など
- ●ブランドに対する顧客の感情：たとえば、「意義がある」「暖かい」など
- ●ブランドと顧客の関係性：たとえば、「熱狂的なファン」「必要に応じて」「季節ごとに」など

最強と評されるブランドは、その製品カテゴリー内で常に最先端にあり、これら無形の要素を調整しながらトレンドに合わせている。だからといってコア・コンピタンスをないがしろにしているわけではない。

ジレットの例を見てみよう。同社は多額のR＆D費を投じ、最先端技術を活かした剃刀の刃を提供で

きるよう努力している。また大きな技術進歩があった場合は、市場の注目を集めるよう、サブブランド、たとえば、トラックII、アトラ、センサー、マッハ3などを投入する。マイナーチェンジの場合には、サブブランドに新しい言葉をつけて、たとえば、アトラ・プラス、センサー・エクセルといった具合に、消費者にそれとわかるよう工夫している。一方でジレットは質の高い製品であると感じられるように、「男のベスト・クオリティ」(the best a man can get)というキャッチフレーズを一貫して訴え続けてきた。この広告は、仕事場での、またプライベートでの男性像を描いたものだが、時代時代のトレンドを織り込みながら、表現の趣向を変えている。

最近では、従来のマス広告やロゴ、スローガンなどに加えて、さまざまなアプローチからブランド・イメージを微調整できるようになった。というのも、今日の市場では、ブランドに影響を与える各要素はより密接な関連性を持つようになり、その意味合いも以前より広がっているからだ。たとえば、企業イメージやフィランソロピーから来るイメージが、ブランドにますます影響を及ぼすようになっている。このような現象は、乳がんの研究や教育プログラムの支援といった活動によって、企業のブランドが高まるということからも明らかである。

[第3の特性]
顧客価値に基づいて価格戦略を立てる

品質やデザイン、機能、コスト、価格という要素を最適な形に組み合わせるのは非常に難しいが、取り組むだけの価値がある。マネジャーの多くは、その製品が提供する顧客価値と価格の関連性について、どのようなパターンがありうるのか、あるいは理想的なのかに気づかず、結局、安すぎたり高すぎたりする価格を設定してしまう。

自動食器洗浄機用洗剤のブランド、カスケードの例を見てみよう。プロクター・アンド・ギャンブル（P&G）では、カスケードに値頃感のある「バリュー価格」を設定するためにコストを見直そうと、洗剤の成分を一部変えてみた。しかし、これでは水質がある特定の条件下では――これは極めて特殊な条件だったが――汚れが落ちないことが判明した。しかも、競合のレバー・ブラザーズがすぐさまこれに対抗し、「(食器洗浄機で洗った後の皿に) まったく汚れが残らない」と効能を謳って、カスケードを攻撃した。この追撃を受けて、P&Gは急遽カスケードの成分を元に戻した。この話から、ブランド・ビルディングの根幹に関わる活動は、たとえバリュー価格を実現するためだからといっても、犠牲にしてはならないことがわかるだろう。

この失敗とは対照的に、P&Gがかの有名な「EDLP」(everyday low price) 戦略を導入した際は、消費者の製品イメージと価格戦略を見事にマッチさせ、同時にしかるべき利益水準を確保できていた。実際P&Gは、EDLPを導入した後の会計年度では――この時、業務の合理化とコスト削減にもかなり真剣に取り組んだこともあって――二一年間で最高の利益率を計上した。

【第4の特性】ブランド・ポジショニングを適正化する

ポジショニングが適切なブランドは、顧客の心をがっちりとつかんでいる。このようなブランドは、競合ブランドとの類似点と相違点を明確に特定できる。トップブランドがトップブランドたるゆえんがここにある。競合他社が差別化を目論んでいる領域では類似点を前面に打ち出し、遜色ないことをアピールする。その一方、その他の領域では相違点を訴えて優位に立つ。

たとえば、メルセデス・ベンツやソニーといったブランドは、革新性という点で明らかに優位に立っているが、同時に競合他社に引けを取らないサービスを提供している。また、サターンやノードストロームは抜きん出たサービスで評価されているが、品質面でも一定水準を維持している。その他にも、カルバン・クラインやハーレーダビッドソンは、ユーザー像やイメージの点で競合ブランドの数歩先を進んでいるが、性能面でも優れている。

その好例がVISAである。一九七〇年代から八〇年代にかけて、競合のアメリカン・エキスプレス（アメックス）が、非常に効果的なマーケティング・プログラムを次々に展開し、クレジットカード市場における高級ブランドの座を独占していた。さらに、会員特典を大々的に宣伝し、アメックスといえば、ステータスや特権、クオリティを表すまでになった。VISAはアメックスに張り合おうとゴールドカードとプラチナカードを投入した。その際、マーケティング・キャンペーンを積極的に実施して、

VISAカードのステータスを築こうと試みた。同時に、加盟店システムを広範囲に展開し、利便性での差別化を図った。広告では、アメックスは使えない有名レストランやリゾート、イベントといった格好の場所を取り上げ、「いつでもどこでもVISAカード」と宣伝した。このように挑戦的なメッセージは、利用範囲の広さと特権的なイメージの両方を巧みに補強する効果を発揮し、VISAブランドのポジションを強固に確立した。こうしてVISAは、家族や個人のショッピングに、個人の旅行や娯楽に、そして、かつてはアメックスの牙城であった海外旅行でも、消費者から一番に選択されるカードとなった。

もちろん、ブランド・ビルディングは画一的にどうこうできるものではない。複数の製品カテゴリーにまたがるブランドの場合はもっと複雑で難しい。同一ブランドでも、あるカテゴリーでは類似点と相違点の組み合わせがうまく作用していても、別のカテゴリーではそうではない場合があるからだ。

[第5の特性]
ブランドに一貫性がある

ブランド力を維持するには――顧客とのリレーションシップのためにも――マーケティングに一貫性を持たせつつ、微妙なさじ加減でブランドに変更を施す必要がある。ここで言う一貫性とは、矛盾するメッセージを発信して顧客を混乱させるようなマーケティングを避けることだ。継続性がないと、不協和音によってブランド・イメージが曖昧になり、最悪の場合、壊れることすらある。

このようなゆゆしき事態に陥ってしまったのが、ビールのミケロブである。一九七〇年代の広告では、若いエリートビジネスマンがさっそうと登場し、自信満々に「あなたの行くところ、ミケロブがある」と宣伝していた。しかし、次の広告では「週末はミケロブのためにある」と謳い、その後、ジリ貧の売上高を何とかしようと、「平日にもささやかな週末を」というコピーに変更した。一九八〇年代半ばになると、消費者向けに「夜のお供にミケロブ」というキャンペーンを開始した。ところが一九九四年には、「いつもよりいい日」で始まり、「特別な日には特別なビール」と続く広告が流された。最終的には「ミケロブのためにある日」に変わった。これほどメッセージが変わってしまうと、消費者が混乱するのも無理はない。初期の広告キャンペーンでは、単にカレンダーや外の景色を見て、ミケロブを飲むのにふさわしい日かどうかを決めればよかったが、一九九〇年代半ばには、今日が特別な日かどうかまで考えさせられるはめになった。当然のことながら、このような失策は売上げに響いており、一九八〇年の八一〇万樽を最高に、一九九八年にはわずか一八〇万樽に落ち込んでしまった。

【第6の特性】ブランド・ポートフォリオとブランドの階層を整合させる

ブランドは一つしかないという企業は稀である。市場セグメントが異なれば、異なるブランドを打ち出す。製品ラインごとに異なるブランド・ネームで販売することもしばしばで、当然のことながら、それぞれのブランド力には格差がある。

このような状況下、企業全体のブランドであるコーポレート・ブランドは〝傘〟の役目を担う。大きな傘の下に階層となって小さな傘、つまりブランド・ネームがぶら下がるイメージである。たとえば、コーポレート・ブランドを第一層とすると、第二層にはファミリー市場を狙うブランドがぶら下がり、その下の第三層には、少年向け、ないしはある一種類の製品にのみ使用するブランドがぶら下がる、といった具合である。

もちろん、ブランド・ポートフォリオ全体から見ても、各階層にあるブランドがブランド・エクイティの向上に資するようになっている。各ブランドを通してさまざまな製品があることを認知させ、しかも各製品に好意を持ってもらうよう仕向けられるからだ。しかし同時に、ブランドごとに境界を設けることが必要となる。一つのブランドであまりにも広い範囲をカバーしようとしたり、同じポートフォリオに二つのブランドが重なってしまったりすると危険だ。

その点、GAPのブランド・ポートフォリオは、重複を最小限に留めながらも市場を最大限に網羅している。バナナ・リパブリックがハイエンド層を押さえ、GAPがベーシックなスタイルと標準的な品質の領域をカバーし、オールド・ネイビーが大衆的なマス層をつかんでいる。それぞれのブランド・イメージは明快で、GAPならではのブランド・エクイティの源泉が確立されている。

BMWは階層の設計と導入に秀でている。コーポレート・ブランドのレベルでは、BMWは「スタイルと性能」という、一見矛盾するようなコンセプトを組み合わせることで、高級スポーツセダンというカテゴリーの先駆者となった。同社の「究極の自動車」(the ultimate driving machine)という宣伝コピーが、このような二面性を巧妙に強化しており、その結果、BMWの名を冠した自動車すべてに、このコピー通りのイメージが定着している。さらに、3シリーズ、5シリーズ、7シリーズという、品質と価格を違えたサブブランドによって、ブランドの階層を論理的に示している。

これとは対照的にゼネラル・モーターズ（GM）は、いまだにブランド・ポートフォリオと階層の整合性を図れずに、もがき苦しんでいる。一九二〇年代初頭、当時の社長アルフレッド・P・スローンは、「あらゆる所得層のあらゆる用途に対応する自動車を提供する」という方針を打ち出した。この経営哲学の下、キャデラック、オールズモービル、ビューイック、ポンティアック、シボレーの各部門が創設され、価格や製品デザイン、ユーザー像などに従って、部門ごとに独自の市場セグメントに売り込むことを狙った。

しかし年月の経過とともに、五つの部門間でマーケティング活動の重複が増えてしまい、各部門の特徴は消滅していった。たとえば一九八〇年代半ばには、Jボディという一種類の車体に少々の変更を加えるだけで、五つのブランド・ネームをつけて販売していたのである。実際、一九八〇年代のキャデラックの広告で、「キャデラックのエンジンは、ビューイックやオールズモービルなど他部門製のものを使う場合があります」と平然と言い放っていた。

そのため、ここ一〇年ほど、GMでは曖昧になってしまった各ブランドのイメージを明確にしようと、ブランド・ポジショニングを抜本的に見直すこととなった。これによってシボレーは、初心者に手頃な価格のブランドとして位置付けられた。サターンは、ユニークな顧客サービスでサターン・ファンとして取り込み、値引きなしで販売できるブランドという地位を確立した。ポンティアックは、若者向けのスポーティで性能を重視したブランドを目指している。これよりも大型で、中間価格帯のブランドをオールズモービルとし、ビューイックは、より高級車に近いプレミアム・ブランドとした。もちろんキャデラックは従来通り、最上級に位置する。

このような施策にもかかわらず、目的達成までには、いばらの道が続いている。ポンティアックとサターンの営業成績は改善したが、かつてのような売上高と利益を取り戻すには至っていない。いまだに顧客は、各ブランドの明確なイメージをつかめずにいる。トヨタ自動車や本田技研工業などの競合他社が、ブランドごとに明確なイメージを打ち出しているのとは対照的である。

【第7の特性】
ブランド・エクイティのためにマーケティング・ミックスを展開する

ブランドは、ロゴ、シンボル、スローガン、パッケージ、サインなど商標を付すことのできるあらゆるマーケティング要素で構成されている。これらの要素がうまく噛み合えばブランドは強力になり、数々の効果が表れる。ブランドの認知度を高めたり、強化したりすることもあれば、競争面や法制面でブランドを保護する効果も得られる。

業界ナンバーワンのブランドを担当するマネジャーならば、各々のマーケティング活動が担う役割の違いを踏まえたうえで、ブランド・エクイティの向上に努めている。たとえば、詳しい製品情報をマーケティング活動を通じて提供するなどもその試みの一つである。誰が、いつ、どこで、なぜ、どのようにその製品を使用するのかを消費者に教える。ブランドを特定の人物や場所、モノと関連付けて、消費者のイメージを膨らませ、具体化させることもできる。

マーケティング活動の中には、従来型の広告のように「プル機能」（ある製品の需要創造を目的とするもの）として最適なもの、また、販促などのように「プッシュ・プログラム」（流通業者の販売支援を目的とするもの）として最大の働きをするものがある。このような一連のマーケティング活動に一貫性を持たせつつ、経営資源を最適に配分できたならば、そのブランドは向かうところ敵なしといえよう。

実際にコカ・コーラは、多岐にわたるマーケティング活動をうまく調整している。以下に主なものを挙げてみよう。

- メディア広告：世界規模で“Always Coca-Cola”キャンペーンの実施など
- 販促活動：最近の例では、人気の旧型ボトルの復刻
- 協賛活動：オリンピックに対する大々的な協力
- 顧客への直接対応：ライセンス商品であるコーク製品販売のためのコカ・コーラ・カタログの配布
- 双方向メディアの利用：ウェブサイトでゲームやコーク・グッズの収集家のための交換場所といった仕掛けを提供するほか、アトランタのコカ・コーラ博物館を仮想見学できる

このような活動すべてを通して、コカ・コーラは「独自性」「清涼飲料水の定番」などといったカギとなる価値を常に強化している。同社の広告では、ブランドがいつでも主役である。

【第8の特性】
顧客から見たブランドの姿をブランド・マネジャーが理解している

強力なブランドの担当マネジャーは、ブランド・イメージ全体の価値をかなり意識している。意図的に創造したか否かにかかわらず、ブランドに抱くさまざまな顧客の認識やイメージ、実際の行動などを考慮して、ブランド価値をトータルに見つめている。その結果、ブランドに関する意思決定を迷うことなく下すことができる。たとえば、あるブランドについて、顧客が好意や嫌悪感を抱くポイントはどこか、ブランド・イメージの中核となる点を把握できれば、取るべき行動――それがブランドに貢献するのか、軋轢を生じさせるのか――が読めるのだ。

顧客が抱くブランド・イメージを把握していなかったがために、ソシエテ・ビック（ビック）の香水事業は失敗した。同社は低価格の使い捨て製品市場でブランドを確立し、製品の利便性を武器に成長してきたフランス企業である。一九五〇年代末にインクを補充できないボールペン市場を創出し、一九七〇年代初めには使い捨てライター、一九八〇年代初めには使い捨て剃刀市場の開拓に成功した。

しかし一九八九年、この使い捨て戦略を転用して、今度は米国とヨーロッパで香水を売り出そうとしたが、見事に失敗した。女性用のニュイ（夜）、ジュール（昼）、男性用のビック・フォー・メン、ビック・スポーツ・フォー・メンを四分の一オンス（約七グラム）ずつ、見た目はライターのようなガラス製のスプレーボトルに入れて販売した。値段は約五ドルという手頃な価格だった。これらはプラスチック製の容器に収められ、レジカウンターの脇に陳列された。ビックの販売チャネルは、従来から取引のある薬局やスーパーをはじめとする一〇万軒余りの量販店などである。発売当初、同社の広報担当者は、「気軽に買って気軽に使える、手頃な価格の高品質製品」と、従来戦略の延長線上にあることを説明した。電撃的な広告とプロモーションに二〇〇〇万ドルを投じ、「ポケットの中のパリ」という宣伝コピーを付して、おしゃれな人が香水を楽しんでいるイメージを打ち出した。

いったい何がうまくいかなかったのだろうか。他の使い捨て製品は「便利」「低価格で高品質」の代名詞になっていた。このようなブランド・イメージ全体を考えれば、香水事業には顧客に訴えかける「何か」が欠けることをマネジャーはわかっていなかった。香水のように完成と結び付いた製品を販売する際には、この「何か」が重要な要素となるのである。マーケターは、従来の製品を販売していた時には、顧客にそのメッセージが届いていると納得していた。しかし、顧客は同社のブランド・イメージを「本質的には実用的だが、個性に乏しい」とも連想していたのである。悲しいことに、これは香水にはまったく向かないものだった。

この点を踏まえてジレットは細心の注意を払っている。製品はすべて、ビック同様に広い流通網によって供給されているが、ひげ剃りや剃刀、洗面化粧品など製品カテゴリーごとにブランド・ネームを変えて、均一なイメージにならないように工夫している。たとえば、電気ひげ剃りにはブラウン、歯ブラシなどのオーラルケア用品はオーラルBという名を付している。

［第9の特性］
ブランドを適切かつ長期的にサポートしている

ブランド・エクイティの管理はことのほか注意を要する。ブランド・エクイティの土台を固めるには、まずブランドを広く訴え、顧客に確実に認知させ、よいイメージを強く植え付ける必要がある。にもかかわらず、あまりにも多くのマネジャーが近道を選んで、「ブランドの認知度を一定水準にまで高める」という、基本中の基本を素通りし、一見華やかなイメージづくりに力を注ぎたがる。

ブランドを維持するにはしかるべきサポートが欠かせない。それを怠ったのが一九八〇年代の石油・ガス業界である。一九七〇年代末、ロイヤル・ダッチ・シェル（シェル）は消費者から肯定的に受け入れられており、市場調査によると、シェル・ブランドと大手競合のそれとの間には大きな差があった。しかし一九八〇年代初頭、シェルはわけあって広告宣伝費やマーケティング活動費を大幅に削減した。その結果失ったブランド・エクイティの土台をいまだに取り戻せずにいる。かつて消費者の目には特別なブランドとして映っていたが、もはやそのステータスは崩れ去り、他の石油会社と同列に見なされている。

もう一つの例は、クアーズ・ブリューイングである。同社は、クアーズ・ライトをはじめとする後発ブランドのエクイティを高めることに重点を置く一方、ジマなどの新製品を投入していった。これに伴って、主軸となるブランドのクアーズをサポートするための広告宣伝費は、一九八五年の約四三〇〇万ドルをピークに、一九九三年にはわずか四〇〇万ドルにまで激減した。元来クアーズの広告は、古い慣習を打破する開拓者精神にあふれた西部のイメージを打ち出すことに焦点を当てていたが、より現代的なテーマを反映したものへと変わっていった。一九八九年から九三年の間にクアーズの売上げが半減したのも、けっして驚くには値しない。

一九九四年、クアーズはようやく腰を上げ、当初のイメージに基づくキャンペーンを実施して、売上拡大を狙った。この時になってマーケターは、ブランドには一貫性のあるサポートを続けるべきだったと反省している。ある担当者は「過去一〇〜一五年間、クアーズに関しては、必要なだけのマーケティング投資を積極的に行ってこなかった」と述懐した。

【第10の特性】ブランド・エクイティの源泉を定期的にモニターしている

強力なブランドは、綿密なブランド監査と、継続的なブランド追跡調査を、頻繁かつ適切に実施している。ブランド監査とは、対象となるブランドの健全度を評価することを目的としたものである。通常、次の二つに分けられる。

●ブランドの棚卸し：ブランド・マーケティングがどのように行われてきたか、それは正しいものだ

ったかについて、社内で詳細に検討する方法

●ブランドの探査：フォーカスグループなどの調査を通じて、顧客にとってそのブランドがどのような意味を持つのか、また持ちうるのかを、社外で徹底的に調査する方法

定期的なブランド監査は効果大である。ブランド・ポートフォリオを管理するマネジャーたちにとって、製品やサービスを正しく理解し、そのマーケティングやブランディングがどのように行われているかを知ることは非常に大切なことだ。同時に、当該ブランドが顧客の目にどのように映っているかを理解しなければならない。顧客が抱くブランド・イメージやその心象をつかめれば、そのブランドやブランド群が持つ真の意味と、企業の見方と顧客の見方との間にあるギャップが明らかになる。

その結果、ブランドを展開する際、あるいはマーケティングの目標を設定する際に、改良すべき点や方向転換すべき点を正確に把握できるようになる。また、ブランド監査とブランド追跡調査を組み合わせれば、ブランドの定量評価も可能である。これにより、ある特定の次元から見たブランドの成績について、最新の情報が入手できる。

ブランド追跡調査に当たっては、顧客がどのように認識し、どのような態度を示し、どのような行動に出たかについて、長期的かつ定期的に情報収集するアプローチが一般的である。追跡調査を徹底すれば、即効性のあるマーケティング・プログラムやマーケティング活動は何かがわかり、戦略もより功を奏するようになる。

ブランド監査がブランドの履歴を測るのに対し、ブランド追跡調査はブランドの現状とマーケティング・プログラムの効果を測定する。強力なブランドの場合、これらに加えて、正式なブランド・エクイティ・マネジメント・システムによるサポートが実施されているものだ。このようなブランドの担当マネジャーには「ブランド・エクイティ憲章」（brand equity charter）といったマニュアルが渡され、そこにはブランドやブランド・エクイティに関する企業理念がコンセプトとして提示されている。例えば、

●ブランドとは何か
●なぜブランドは重要なのか
●なぜブランド・マネジメントが企業にとって意味があるのか

などの本質的な問いである。

このマニュアルには、通常、ブランド監査やブランド追跡調査をはじめとした調査の類をまとめてあるほか、そこに期待される成果を示し、実際に行われた最新の調査結果が記してある。このほかにも、ブランド戦略やブランド戦術を実施するためのガイドラインを提示し、ブランドの取扱方法——ロゴの表示方法や、パッケージや広告などへの使用方法に関するルール——が書かれている。

また、マネジャーがさまざまな追跡調査やその他の測定結果をブランド・エクイティ・リポートにまとめ、その資料を月ごと、四半期ごと、あるいは各年ごとに経営陣に配付する。このブランド・エクイ

ティ・リポートにはブランドの現状だけでなく、その背景要因についても記述されている。

トップ企業であっても、ブランドを注意深くモニターする価値がある。ウォルト・ディズニーがまさにその好例である。一九八〇年代末、いくつかのキャラクター（ミッキーマウスやドナルドダックも含まれる）が、あまりにもいろいろな商品に、必ずしも適切でない使われ方をされるようになっていた。ディズニーではこの事態を憂慮し、事の重大さを見極めるため、ブランド監査を広範囲に実施した。

まず「ブランドの棚卸し」の一環として、マネジャーは、全世界の店舗で発売されているディズニー製品すべて（ライセンス商品も含めて）と、サードパーティによる販促ツールのすべてについて、そのPOS表示に至るまでリストアップした。同時に、「ブランドの探査」の一環として、ディズニー初の大がかりな顧客調査を実施し、顧客がディズニー・ブランドに抱いている感情やイメージを調査した。「ブランドの棚卸し」の結果は意外なものだった。まず、ディズニー・キャラクターのついた製品はあまりにも多く、マーケティングの方法も実に多岐にわたっていたため、そもそもどのような経緯で、何を目的にこのような意思決定が下されたのか、理解しがたいものが多数あった。

そのうえ、「ブランドの探査」によれば、顧客はディズニーと名のついた全商品を十把一絡げにとらえていた。顧客には、ディズニーはディズニーでしかなかったのだ。キャラクターを映画の中で見ようが、その声を聞こうが、テーマパークや製品に関連したものだろうが関係なかった。結局、ディズニーの商標やキャラクターを使用している製品やサービスはすべて、ディズニーのブランド・エクイティに影響を与えていたのだ。

また、キャラクターがさまざまな商品に使われていることに対して、顧客の多くは好感を示してはおらず、ディズニーがキャラクターを乱用している、とすら感じていた。シニアマネジャーたちの懸念は的中した。たとえば、ジョンソン・ワックスがディズニーのキャラクターを使用したケースでは、ディズニーの名前など何の恩恵もないようだった。

また、洗剤のタイドのようなプレミアム・ブランドとディズニーのキャラクターが結び付いた場合などは、顧客はかえって困惑していた。この例では、キャラクターを使っても何の価値も加えられないばかりか、キャラクターがなければ無関心だったはずの子どもを、購買の意思決定に巻き込んでしまったという点で、顧客は不快感すら覚えていた。ディズニーがタイドのようなブランドと結び付いたことに、顧客はこんなにも否定的な反応を示したということから、ディズニーがライセンス供与したあまたの製品や共同プロモーションを見て、どのような反応を示すかは想像に難くない。

ディズニーのキャラクターは、おむつからマクドナルドのハンバーガー、自動車に至るまで、ありとあらゆるものの宣伝に使われていた。調査結果によれば、顧客は各製品の宣伝文句をキャラクターに代弁させることを不快に思っていた。それというのも、顧客はディズニーやそのキャラクターとともに思い出をつくっている。だからこそ、ディズニーはこんなふうに無頓着に扱うべきではない、と考えていたのである。

これらのブランド監査の結果を見て、ディズニーはさっそく「ブランド・エクイティ・チーム」を組織した。ブランド・フランチャイズの管理を改善し、ライセンス供与をはじめ、サードパーティによるプロモーションをより慎重に選択することにした。このチームの使命の一つは、あらゆる製品やサービスがディズニーの一貫したイメージを伝える――すなわち、楽しいファミリー・エンタテインメントというイメージを強化する――ものであることを徹底するという点だった。たとえば、子どもの大学進学費用を貯蓄する親たちをサポートする投資信託については、提携の申し入れを断った。「ファミリー」という面で関連性はあったものの、金融業界との提携は別の面からブランド・イメージとそぐわないと判断したからである。

それぞれの特性をうまくバランスさせる

強力なブランドを構築するには、以上の一〇大特性すべてを最大限強化しなければならない。そのための努力は必ず報われる。しかし実際には、一つの特性の改善に力を入れすぎるあまり、他がおろそかになってしまうことが多く、全部をベストの状態に持っていくのは至難の業である。たとえば、自社のプレミアム・ブランドが、低価格を売り物にした新規参入者と対抗することになった場合を想定してみよう。ブランドマネジャーは、「価格戦略を見直したい」という誘惑に駆られるかもしれない。価格を下げれば、短期的には、新規参入者による市場シェアの侵食を防げるだろう。

しかし、長期的に見た場合、価格を下げるとどのような影響が出るだろうか。「プレミアム」の定義から踏み出てしまうことで、ターゲット顧客が抱いているブランド・イメージが変わってしまうのではないか。「このブランドはもはやトップ製品ではない」「今後イノベーションは望めない」というマイナスの印象を与えてしまいはしないか。また、ブランドが伝えるメッセージが曖昧になってしまわないか。価格を下げれば、いままでそのブランドを試したことがない顧客を呼び寄せることができるので、短期的に見れば売上げは伸びるだろう。しかし、このような顧客は真のターゲットなのだろうか。彼らが購入すると、そもそものターゲット顧客の購買意欲を削いでしまうのではないか。

その悩みを解消するコツは、まずブランドが一〇大特性のそれぞれにおいてどの程度の成績を上げているかを把握し、そのうえで、あらゆる視点から今後の戦略を構築することである。たとえば、新しい広告キャンペーンを展開することで、顧客の価格感度が変わるのかどうか。新しい製品ラインを加えると、既存のブランド、あるいはポートフォリオ全体にどのような影響が出てくるのか。ブランドのポジショニングを調整した場合、顧客に一貫性がないと受け取られてマイナス効果を生んでしまいはしないか、それとも逆に、それを補って余りある新しい顧客基盤が築けるのかどうか。ブランドを評価測定するにしても、必ずしもこのようなバランスを考慮せずともよいとする見方もある。しかし、軽率な行動や信念なき戦略によってマイナスの影響が生じかねない。

次に挙げるリーバイ・ストラウス（リーバイス）の経験が、これを物語っている。一九九〇年代半ば、同社は包括的なブランド・エクイティ評価システムを構築した。実際にはシステムが導入された頃から、そのブランド・イメージには凋落の兆しが見え始めていた。これは、リーバイスの主軸ブランドである

501ジーンズの魅力が薄れたことに加え、リーバイス・ブランド自体が流行の先端を走るものではなくなったことが原因だった。ターゲットとなる若者市場は、もっとゆったりしたスタイルを望んでおり、競合他社が急速にブランド格差を解消しようと猛追し始めていた。しかしリーバイスは、社内再編に忙殺されたことも一因となって、対応が遅れてしまった。ようやく腰を上げたものの、広告キャンペーンは予算不足のうえ、見え透いたトレンディさを装ったもので、若者市場から共感を得ることはできなかった。こうしてジーンズ部門におけるリーバイスの市場シェアは、一九九〇年代後半に激減したのだった。現在リーバイスは、広告代理店フート・コーン・アンド・ベルディングと数十年続いた取引関係を打ち切り、新製品と新しい広告キャンペーンを試みようとしている。

この教訓からは、ブランド・エクイティ評価システムを導入しただけでは不十分だったということがわかる。製品開発や顧客とのリレーションシップなど、他のブランド原理にきちんと従っていれば、評価システムから得られた市場調査データをもっと有効活用できたかもしれない。もちろん、否定的な例や警告は枚挙に暇がない。しかし、最大のポイントは、強力なブランドの場合、一〇大特性がプラスのシナジーを生んでいる点を認識することだ。一つの特性に優れていると、他の特性でも容易に優位に立つことができるのである。たとえば、ブランドの意味やポジショニングを明確に把握すれば、最適なマーケティング・プログラムを開発することにつながる。それがさらに、より適切な価格戦略に結実する可能性もある。

同様に、効果的なブランド・エクイティ評価システムを構築することで、ブランドの意味がいっそう明確になるばかりか、価格変更といった戦略を転換した際での顧客の反応を把握したり、ブランドがイノベーションを通して顧客リレーションシップを維持するメカニズムを監視したりできるようになる。

架け橋としてのブランド・エクイティ

ブランド力は、最終的には顧客心理、すなわち顧客がそのブランドに関連してどのような体験をしたのか、あるいは何を得たかによって決まる。つまり、顧客の知識こそブランド・エクイティの核心となるのだ。これは極めて意味深長である。

抽象的に言えば、ブランド・エクイティはマーケターにとって、過去の戦略と今後の戦略をつなぐ、言わば〝架け橋〟の役割を担っている。すなわち、毎年マーケティングに投じてきた金額はすべて、単なるコストではなく、むしろ投資――消費者がブランドを認知し、体験し、共感を持ち、ファンになってくれるための投資――だと考えられる。

このようにして蓄積された顧客の知識を活かすことで、ブランドの方向性として適切なものと、そうでないものとを選別しやすくなる。顧客はブランドに対してどのようなイメージを描いているのか、あるいはどのような態度を示すのかといった情報に沿って進むべき方向を決めているか否か――マーケティング戦略やプログラムの審判を下すのは、常に顧客なのだから。

ブランド・マーケティング絡みの支出は、あらかじめ適切なプランを立ててからでなければ有益な投資とはならない。顧客の頭の中に正しい知識体系をつくり上げられなければ失敗だからだ。ただし、いずれにせよ、投資であることに変わりはない。

つまるところ、ブランド・エクイティにどのような価値があるかは、それをいかに活用するかにかかっている。ブランド・エクイティを分析すれば、過去のマーケティング活動についての解釈が示され、また、将来のマーケティング・プログラムを設計する方法をも示唆するものなので、マーケティング活動の焦点が絞りやすくなる。あらゆる企業活動は、ブランド・エクイティを強化、あるいは劣化させる。強力なブランドを築き上げたマーケターは、自身のフレームワークを一〇〇％活用し、マーケティング戦略を明確化し、それらを実践に結実させているのだ。

【注】

Howard Schultz and Dori Jones Yang, *Pour Your Heart into It: How Starbucks Built a Company One Cup at a Time*, Hyperion Books, 1997.（邦訳『スターバックス成功物語』日経ＢＰ社、一九九八年）。

第8章

ブランド・コミュニティ：7つの神話と現実

ボストン大学 スクール・オブ・マネジメント 准教授
スーザン・フォルニエ
ジャンプ・アソシエーツ　ディレクティング・アソシエート
ララ・リー

"Getting Brand Communities Right"
Harvard Business Review, April 2009.
邦訳「ブランド・コミュニティ：7つの神話と現実」
『DIAMONDハーバード・ビジネス・レビュー』2010年10月号

スーザン・フォルニエ (Susan Fournier)
ボストン大学スクール・オブ・マネジメント准教授。専門はマーケティング。14年間にわたり、ハーレー・オーナーズ・グループ（HOG）の戦略諮問協議会の委員を務めた。

ララ・リー (Lara Lee)
カリフォルニア州サンマテオにあるコンサルティング会社、ジャンプ・アソシエーツのディレクティング・アソシエート。前職は、ハーレーダビッドソンのエンスージアスト・サービス担当バイスプレジデント。

ほとんどの企業がブランド・コミュニティを誤解している

一九八三年、ハーレーダビッドソンは倒産の危機に瀕していた。(注1) しかし、それから四半世紀を経て、同社は「トップ五〇」に名を連ねるグローバル・ブランドを築き上げ、その価値は七八億ドルに達している。ハーレーは、自社ブランドが提案するライフスタイルや行動、価値観の下に集まった熱狂的な消費者グループ、すなわちブランド・コミュニティの構築に腐心した。これが再生の柱であり、その後の成功をもたらした。

ハーレーの成功に触発され、またそれがウェブ2・0の技術によって実現したと聞いて、いま消費財から産業財まで、各業界のマーケターたちは、ブランド・コミュニティづくりにせわしない。これは時宜にかなったものといえる。現在の激動する世界にあって、人々はきずなを欲している。また景気が厳しい中、すべての企業が既存の経営資源をより効果的に活用する新たな方法を必要としている。多くの企業が、強固なコミュニティを築くことで、顧客ロイヤルティ、マーケティング効率、ブランドの信頼性を向上させようとしている。しかし残念ながら、このようなメリットを実現させるコツをわかっている企業は少ない。さらに困ったことに、大半の企業が、ブランド・コミュニティとは何か、どのような機能を果たすのかについて重大な誤解をしている。

ブランド・コミュニティの研究、その構築と活用について、合計三〇年に及ぶ我々の経験に基づき、企業のためにコミュニティの価値を最大化するという、一般的な七つの神話を明らかにし、これを正そうと思う。コミュニティ戦略を検討中の企業には教訓と設計原理を示し、またすでにブランド・コミュニティを持っている企業には効果を高める新たなアプローチを提示する。以下に述べるように、判断すべきは、「コミュニティは自社ブランドに適しているか」ではなく、「適切なブランド・コミュニティをつくるために必要なことをやる気があるのか」という点である。

1 【神話】ブランド・コミュニティは、マーケティング戦略である。【現実】ブランド・コミュニティは、事業戦略である。

ブランド・コミュニティづくりは、マーケティング部門の中で個別に取り組まれているが、これは間違いである。ブランド・コミュニティから最大の成果を引き出すには、これを企業全体の目標を後押しする高次の戦略として位置付けなければならない。

ハーレーは、まさしくブランド・コミュニティの典型例である。同社経営陣は一九八五年、レバレッジド・バイバック（自社の株式を担保に資金調達し、それで自社株買いを行うこと）によって危機をしのいだ後、ブランド・コミュニティの根幹に関わる競争戦略とビジネスモデルを徹底的に見直した。さらに、マーケティング・プログラムを変更するだけでなく、コミュニティ戦略を推進するために、企業文化から業務手順、ガバナンス構造を含め、組織の各側面を一新した。経営陣は、ハーレー・ブランドがコミュニティ内で生じた出来事として発展してきたことを認識した。また、共通の価値観で結ばれた、ライダー間の仲間意識《ブラザーフッド》に基づいて、ライダーたちと同じようにバイク乗りを理解しているオートバイメーカーとして、戦略的にポジショニングを変更した。

また、コミュニティを中心に据えたポジショニングを確固たるものにし、自社と顧客の結び付きを深めるために、コミュニティを支援するイベントすべてに、臨時スタッフではなく社員を充てた。社員たちにすれば、自社製品を提供した人たちと定期的に接触することで、自分たちの仕事に新たな意義を見出した。週末のイベント業務には決まって、必要人数以上の社員がボランティアとして参加した。また、たくさんの社員たちがバイクに乗るようになり、一方でたくさんのライダーたちがハーレーに入社した。

経営幹部たちには、現地で顧客と時間をともにし、彼らから知見《インサイト》を得て、これを会社に持ち帰ることが求められた。顧客に密着するというこの戦略は、ハーレーの事業理念の中に明文化され、新たに入社した社員へのオリエンテーションでも強調された。また、あらゆる決定はコミュニティの視点に立って下され、ハーレーはコミュニティこそ自社ブランドの正当な所有者であることを認識した。

ハーレーのコミュニティ戦略には、組織を抜本的に再設計したことも貢献している。縦割りの職能別組織が廃止され、その代わりにシニア・リーダーシップ・チームが結成され、「需要の創出」「製品の生産」「支援の提供」の三つの義務について、その全員が決定責任を負うことになった。さらに、「ハーレー・オーナーズ・グループ」(HOG)という会員制クラブを通して、自社とコミュニティの関係を形成・育成するために、社長直轄の部門を新設した。

このような組織再編の結果、コミュニティづくりに関する活動は、単なるマーケティング支出ではなく、COOの承認の下、全社的にビジネスモデルを成功させるための投資として扱われるようになった。

2 【神話】ブランド・コミュニティは、企業のために存在する。【現実】ブランド・コミュニティは、そこに集まる人たちのために存在する。

経営者は、消費者が実は、さまざまなニーズや関心、責任を抱えている人たちであることを忘れがちだ。コミュニティに根差したブランドは、販売取引を増やすことではなく、人々のニーズが満たされるように支援することで、顧客ロイヤルティを育んでいく。

しかし、マーケターの思惑とは裏腹に、ブランド・コミュニティが満たしうるニーズは、当該ブランドとの結び付きを通じて、ステータスを獲得したり、新しいアイデンティティを試したりすることだけに限らない。精神的な支えと励ましを求める、意義のある活動に貢献する、興味を掘り下げる、スキルに磨きをかけるなど、人々がコミュニティに参加する理由はさまざまである。メンバーにとって、ブランド・コミュニティは最終的な目的ではなく、そのための一手段なのだ。

極端な例だが、コミュニティのニーズから実際にブランドを生み出したのが、アウトドアザイテンである。ヨーロッパのウェブサイト、アウトドアザイテン・ドットネットは当初、ハイキングやキャンプの愛好者が、たとえば「子ども連れのハイキングに適した場所はどこか」「ガレ場（石ころの多い山の斜面）を歩くには、どの靴が一番いいか」など、自分たちに共通するライフスタイル情報を交換する場として始まった。

そして、目標を達成するための資源やスキルを得るために、メンバーたちのコラボレーションが芽生えた。最終的にこのコミュニティから、アウトドアザイテンというテントやバックパックのブランドが生まれた。このブランドは、共通のアイデンティティを表明するというニーズではなく、メンバーの特殊なニーズに応えるという要求によって成長した。人々は、多くの場合、ブランドそのものよりも、ブランドとの結び付きを通じて誰かとつながることに関心がある。つまり、新たな関係を築き上げるために、コミュニティに参加するのである。フェイスブックがまさしくその一例だが、実はカントリークラブにも同じような力学が見られる。

一方、フィットネスクラブのゴールドジムやスターバックスなど、「第三の場所」になっているブランドは、交流を促す実店舗を提供することで、この力学を働かせている。この場合、ブランド・ロイヤルティは、コミュニティの形成に拍車をかけるものではなく、人々のコミュニティへのニーズに応えることで得られる報酬といえる。

活気あふれるコミュニティは、ブランドの評判ではなく、メンバーの生活に関する理解の上に築かれる。この教訓を学んだのが、クッキーで有名なペパリッジ・ファームである。同社は当初、コミュニティへの取り組みの一環として、クラッカーのゴールドフィッシュの名前がつけられた子ども用ゲームをサイトに散りばめたが、さっぱりだった。そこでゴールドフィッシュ・ブランドのチームは、子どもたちと両親が本当に困っていることは何かを見極めるために、ブランドを中心としたやり方から一歩下がり、子どものうつ病と自尊心の低下について警鐘を鳴らす統計資料を見つけ出した。

そして、ペンシルバニア大学ポジティブ・サイコロジー・センターの心理学者カレン・レイビックの協力を仰ぎ、フィッシュフルシンキング・ドットコムというオンライン・コミュニティを立ち上げた。このサイトには、子どもの学習活動における失敗、欲求不満、期待、情緒反応に関する学術研究や、両親が子どもの再起力を支援するように設計されたディスカッション・ツールが盛り込まれている。マーケターにすれば、ブランドを二の次にするのは厳しいだろうが、強固なコミュニティをつくり上げるのが最終目的であれば、これこそ核心である。

3

[神話]ブランドを確立すれば、コミュニティがついてくる。
[現実]コミュニティづくりに工夫を凝らすことで、ブランドが強化される。

戦略コンサルティング会社のジャンプ・アソシエーツは、コミュニティへの帰属には「プール」(集団)、「ウェブ」(人間関係)、「ハブ」(求心力)の三つの基本形があることを明らかにしている(図表8-1「コミュニティへの帰属形態」を参照)。そして、効果的なコミュニティ戦略は、相互に強化し合う仕組みによってこれら三つを結合させる。

共和党員や民主党員、アップルのファンなど、プールのメンバーは、共通の目標または価値観によって結ばれている。ブランド・マネジメントの理論は数十年間にわたり、このプールに基づいてブランドを構築するように説いてきた。すなわち、消費者とブランドを感情的に結び付ける明快な価値観を見極

図表**8-1**｜**コミュニティへの帰属形態**

 **プール** **pools**	 **ウェブ** **webs**	 **ハブ** **hubs**
共通の活動や目標、価値観によって強く結び付いているが、メンバー間の交流は緩やかである。	自分と同じニーズ、あるいはそれを補完するニーズの持ち主と一対一の強固な関係を築いている。	コミュニティの中心的な人物と強く結び付いているが、メンバー間の交流は少ない。
共通の活動や目標、または価値観が、コミュニティへの帰属を左右するカギになっている。	**個人的な関係が、コミュニティへの帰属を左右するカギになっている。**	**カリスマ性のある人物の存在が、コミュニティへの帰属を左右するカギになっている。**
例） ・アップルの熱狂的なファン ・共和党員または民主党員 ・鉄人的なトライアスリート	例） ・フェイスブック ・キャンサー・サバイバーズ・ネットワーク ・ハッシュ・ハウス・ハリアーズ（世界的なジョギング・クラブ）	例） ・ディーパック・チョプラ（米国における精神世界分野のリーダー的存在） ・ハンナ・モンタナ（ディズニー・チャンネルで放映されているドラマの主人公） ・オプラ・ウィンフリー（米国の有名な司会者）

めて、これを一貫して伝達すべきであるというのだ。

残念ながら、プールがコミュニティにもたらすメリットは限られている。人々は抽象的な信念を共有しているものの、人間関係が築かれることはめったにないからである。しかも、ブランドをもっと成長させようとすると、多くの場合、メンバーを束ねている共通の目的意識が希薄化していく。また、ブランドの考え方に賛同し、ここに帰属しても、人間関係によって補完されないと、コミュニティのメンバーが離れていくおそれがある。ただしこの問題は、ウェブとハブを活用してコミュニティを強化・拡大することで解決される。

ウェブへの帰属は、ソーシャル・ネットワーキング・サイト（SNS）やキャンサー・サバイバーズ・ネットワークなど、一対一の深いつながりに基づいている。またウェブは、そこに参加している人たちが多種多様な関係で結ばれているため、最も強固で安定したコミュニティでもある。

たとえばハーレーダビッドソン博物館の敷地を囲む壁は、個人やグループの依頼を受けて希望のメッセージを刻んだステンレス製の大きな鋲《びょう》で飾られており、これを通じて人間関係のウェブが形成されている。来館者たちは、これらの鋲に刻まれた銘を読み、その背後に存在する物語や人々に想いをはせる。この鋲が打たれた壁の前で出会った人たちはすぐさま、興味深い銘をいつの間にか見比べている自分たちに気づき、ほどなく会話に花を咲かせ、連絡を取り合うことになったり、ひょっとしたら一緒に遠乗りすることになったりする。このようにハーレーダビッドソン博物館は、鋲で飾られた壁や人間関係を育む手段を通じてハーレー・ブランドのプール内にウェブを形成することにより、このブランドを強化している。

ハブのメンバーは、たとえば精神世界の大御所の一人ディーパック・チョプラや、ティーンエージャーから熱狂的支持を得ている女優のハンナ・モンタナなど、ある個人への崇拝を求心力としている。ハブは、中心となる人物がいなくなると、たいてい崩壊してしまうため、コミュニティとしては不安定だが、強力でもある。したがって、同じ価値観を持った新しいメンバーを獲得するのに役立つ。たとえばハーレーは、プロのスケートボーダーでハーレーの熱狂的なファンでもあるピース・カーチャートと付き合うことで、若年層とのかけ橋をつくった。さらにハブは、ブランドのプールのみならず、ナイキがマイケル・ジョーダンやタイガー・ウッズなどスター選手と付き合い始めて以来使ってきた戦略を生み出したり強化したりするうえでも利用できる。

安定したコミュニティをつくるには、ハブにおける結び付きを、ウェブを通じてコミュニティと結合させなければならない。たとえばナイキ・プラスのオンライン・コミュニティでは、勝負を挑んだり、互いにやじったりするよう、メンバーたちに発破をかけることで、仲間同士の相互支援や交流を深めている。こうしてナイキは、プールとハブを強化するために、ナイキ・ブランドにふさわしい形でウェブを形成する方法を見つけた。

4 ［神話］ブランド・コミュニティは、ロイヤルティの高いブランド支持者のための「愛の祭典」でなければならない。
［現実］賢明な企業は、対立を歓迎し、コミュニティを賑わせる。

大半の企業が、対立を避ける道を選ぶ。しかし、コミュニティは本質的に政治的なものであり、対立は当たり前のことである。主流派は、みずからの存在を定義するために、反主流派を必要とする。たとえばプレイステーションのゲーマーは、Ｘｂｏｘを無視する。アップル・ファンはマイクロソフトやデルを嫌う。ダンキンドーナツのコーヒーを愛飲している人はスターバックスには寄り付かない。

またコミュニティですら、内部には境界線が引かれており、それによって愛情とロイヤルティの程度がわかり、本物のファンと目立ちたがり屋が区別される。要するにコミュニティというものは、対抗意識と譲れない一線によって成り立っているのだ。

ユニリーバのダヴが展開する「リアル・ビューティ・キャンペーン」は定評を得ているが、これは、対立をいかに逆手に取るかを示す格好の例である。このキャンペーンは、業界が押し付ける理想の美に反対するために立ち上がるべく、現実の女性たちを全世界的に団結させた。ここでは、熟年の女性、大柄の女性、やせた女性、容姿に自信のない女性たちが、共通の敵に立ち向かうという仲間意識で結ばれている。ダヴは潜在的な「反主流派」を見極め、ブランドのためにその関心を喚起したのである。

また、対抗意識を燃え上がらせたり、誰かを巻き込んで煽ったりすることもできる。ペプシがライバルのコカ・コーラと対決するために、「ペプシ・チャレンジ」という独自のキャンペーンを展開したことは有名だが、その一環として、薄汚れた老人ホームでコカ・コーラを飲んでいるさえない人々を登場させたテレビCMを流している。アップルの打ち出した「PC対Mac」の広告は、マイクロソフトに「アイ・アム・ア・PC」という対抗キャンペーンを張らせたばかりか、ユーチューブ上で両陣営の広告パロディが多数流れるようになった。こうした対立や相違が表面化した時、グループの結束は強まる。

穏便に済ませようという過ちを犯す企業もある。この点に関して、ポルシェが二〇〇二年に発売した新型SUV、カイエンは、他山の石となる例である。ポルシェ911のオーナーたちは頑として、カイエンを「正統なポルシェ車」として認めなかった。彼らは、カイエンはレーシングカーとしての品格に欠けると非難し、またカイエンのドライバーは、ポルシェ・ブランドがわかっていない、また理解できない「サッカー・ママ」(子どもの送り迎えにSUVを運転する教育ママ)であるというレッテルを貼った。さらに、筋金入りのポルシェ車オーナーに至っては、レンリスト・ドットコム――熱狂的なポルシェ・ファン用の掲示板として開設され、その後発展して、アウディ、BMW、ランボルギーニの専用ページもできた――から、カイエンのドライバーを締め出してしまった。

そこでポルシェは、カイエンがポルシェ・ファミリーの正統なメンバーであることをはっきりさせるために、あたかも自動車レースのスターティング・グリッドでエンジンを鳴り響かせているようなカイエンのテレビCMを流して、ファンの間に生じた溝を埋めようと試みた。

しかし、頑固一徹なコミュニティはまったく納得しなかった。カイエンをレーシングカーと見なすなど、「ひょっとすると妄想に取り付かれたポルシェのマーケターによる拡大解釈なのかもしれないが、カイエン以前の偉大なポルシェのスポーツカーすべてに対するあからさまな侮辱である」と、あるポルシェ・ファンはオートエキストリーミスト・ドットコムに書き込んだ。

賢明なマネジャーは、和解策を講じたところで、主義主張の異なる者を和合させることなど不可能であると承知している。コミュニティは、境界を消すのではなく、むしろ際立たせることでより強力になる。

5 [神話]オピニオンリーダーが、強固なコミュニティを築き上げる。[現実]ブランド・コミュニティは、メンバーがそれぞれの役割を果たす時、最も強固になる。

さまざまなソーシャル・ネットワークでは、オピニオンリーダーや伝道師たちが、重要でいまや欠かせない役割を果たしている。彼ら彼女らは、情報を広め、意思決定に影響を及ぼし、新しいアイデアの発展に一役買う。

しかし、オピニオンリーダーを重視することは、バズ・キャンペーンならば思慮に富んだアドバイスを得られるかもしれないが、コミュニティづくりでは見当違いのアプローチとなる。

活気あふれるコミュニティでは、メンバー全員が重要な役割を演じられることで、文化的な基盤が築かれる。「レッド・ハット・ソサエティ」(注2)「バーニング・マン」(注3)「トレッキーズ」(注4)「MGBカー・クラブ」(注5)などのコミュニティを調査したところ、コミュニティが機能し、存続・進化するには、たとえば「パフォーマー」「サポーター」「メンター」「学習者」「ヒーロー」「スカウト」「歴史家」など、一八の社会的かつ文化的役割が必要であることがわかった（図表8-2「コミュニティ内のさまざまな役割」を参照）。

また補完研究において、アリゾナ大学エラー・カレッジ・オブ・マネジメント准教授のホープ・ジェンセン・シャウとワイオミング大学カレッジ・オブ・ビジネス特別教授のエリック・アーノルドは、コミュニティ・メンバーたちには「伝道する」「カスタマイズする」「歓迎する」「ランク付けする」「競争する」「共感する」など、価値を創造する一二の慣行が存在することを実証している。

すでにコミュニティを持っている企業の場合、現在わかっている役割や行動について評価し、埋められるギャップを特定することで、コミュニティの機能を高めることができる。一方、新しいコミュニティを設計している企業は、メンバーがさまざまな役割を果たせるように、そのための仕組みと支援システムを開発するとよい。

人々は、人生の変化を認識すると、帰属先を見直す。うまくいっているコミュニティほど、このことを理解しており、それゆえメンバーたちに新しい役割を与えたり、役割を交代させたり、またコミュニティから抜けることなく、対立によって生じる役割の違いによる緊張を解決する機会を提供している。非営利のコミュニティは、とりわけこの点で優れている。たとえば、カリフォルニア州オレンジカウンティのサドルバック教会には、二万人超の信者がいる。にもかかわらず、この教会は、信者一人ひとりのニーズをたえず把握し、信者が教会から離れていかないよう、サブグループを組織したり、何らかの役割を与えたりしている。

図表**8-2** | **コミュニティ内のさまざまな役割**

パワーブランドのコミュニティメンバーは、さまざまな役割を果たすことによってコミュニティに関わり、価値を提供する。新たなコミュニティを企画したり、既存のコミュニティにてこ入れしたりする場合、多種多様な役割をコミュニティの構造に組み込み、ニーズの変化に応じてメンバーたちが新たな役割を果たすのを支援する必要がある。コミュニティがちゃんと機能し、存続・進化していくには、以下の18の役割が極めて重要である。

メンター | mentor
他のメンバーを教育し、専門知識の共有を図る。

プロバイダー | provider
ホストとなって、他のメンバーの面倒を見る。

学習者 | learner
学習を好み、自己の向上を追求する。

歓迎係 | greeter
コミュニティの新メンバーを歓迎する。

バックアップ | back-up
他のメンバーが新しい課題に取り組む際、セーフティネットの役割を果たす。

ガイド | guide
新メンバーがコミュニティの文化を理解するのを助ける。

パートナー | partner
他のメンバーを励まし、経験を共有し、動機づける。

カタリスト | catalyst
新しいメンバーやアイデアを既存のメンバーに紹介する。

ストーリーテラー | storyteller
グループ全体にコミュニティの物語を伝える。

パフォーマー | performer
コミュニティ内の注目を集める。

歴史家 | historian
コミュニティの記憶を保存し、儀式や流儀を成文化する。

サポーター | supporter
他のメンバーの活動を見る観客として受動的に参加する。

ヒーロー | hero
コミュニティ内の手本として振る舞う。

大使 | ambassador
外部に向けてコミュニティを宣伝する。

セレブリティ | celebrity
コミュニティを代表するリーダー的存在、または象徴的存在を務める。

帳簿係 | accountant
人々のコミュニティへの参加を記録する。

意思決定者 | decision maker
コミュニティの構造や機能に影響を及ぼす選択を下す。

スカウト | talent scout
新メンバーを募集する。

さらに、年齢、性別、関心事だけでなく、共通の課題、社会活動、家族構成に基づいてグループが組織されている。信者たちには、さまざまな役割が用意されている。それらは、能動的なものから受動的なものまで、また小さなグループから大きなグループまでと、多種多様である。しかも、担当者に直接申し出てもよいし、電話やオンラインからでも申請できる。いろいろなパンフレットやデジタルツールが用意されているため、どの選択肢にするかを決めたり、どんな参加機会があるのかを把握したりするうえで便利である。それゆえ、気軽に役割を変更したり、試しに新しい役割をやってみたりできる。

6 【神話】オンライン・ソーシャル・ネットワークは、コミュニティ戦略のカギである。【現実】オンライン・ソーシャル・ネットワークは、コミュニティ戦略ではなく単なるツールである。

CEOからウェブ2・0戦略を要請されると、多くの場合、反射的にオンライン・コミュニティをつくってしまう。オンライン・ソーシャル・ネットワークは、巷の話題になっており、現在のイネーブリング技術を考えれば、バーチャル・ワールドのビジネスチャンスを見逃すなど愚の骨頂に思える。

しかし残念ながら、企業のオンライン・コミュニティは、バーチャルな提案箱の周りに消費者を集めようとしてつくられた巨大なフォーカスグループにすぎない。もちろん、消費者の声に耳を傾けるのは悪いことではないが、これはコミュニティ戦略ではない。それでも、オンライン・ソーシャル・ネットワークは有益なコミュニティ機能を果たしうる。このようなネットワークのおかげで、曖昧な問題への解決策がたくさん見つかったり、人とアイデアが運よく結び付いたりするのだ。

しかし、よくできたオンライン・ソーシャル・ネットワークでも、やはり限界がある。ウェブ内での出会いは匿名であり、それゆえ反社会的な行動に発展することも多い。また、オンライン上のやり取りは、表面的でその場限りという性質があるため、結果的に社会的な結び付きは弱い。我々の生活の大半がオンライン以外のものであることを忘れてはならない。実際、物理的空間は、コミュニティの結び付きを育むうえで重要な役割を果たす。

ノーザンイリノイ大学カレッジ・オブ・ビジネス助教授のマーク・ローゼンバウムによれば、スポーツジムやコーヒーショップなど、第三の場所として発展してきたコミュニティは、多くの場合、家族のきずなに等しい、あるいはそれに勝る社会的・情緒的な支えを提供しており、このメリットゆえに最大二〇％の価格プレミアムが成り立っているという。

賢いマーケターは、オンラインツールを選択的に使いながらコミュニティのニーズに対処している。ロレアルは、体系的なアプローチによって、オンラインとリアルをうまく両立させている。同社の場合、次の二軸に基づいて、各ブランドをマッピングしている。

●「権威のブランド」(brands of authority) 対「日常会話のブランド」(brands of conversation)
●「主流ブランド」(mainstream) 対「ニッチ・ブランド」(niche brands)

このマトリックスを見れば、象限によってコミュニティへのアプローチが異なることがわかる。権威のブランドの場合、専門家たちにコミュニティに帰属する機会とアドバイスを提供する。権威のブランドであり主流ブランドでもあるロレアルは、ハブへの帰属を促すために、ブランドの広報担当として有名人を起用したテレビCMを大々的に展開することでコミュニティを築いている。

一方、権威のブランドだがニッチブランドのラロッシュポゼの場合、オンラインとリアルの両方で皮膚科医の世界的なコミュニティをつくって、このブランドを巧みに表現している。

また、日常会話のブランドは、人間同士のやり取りや関わり合いによって成長していく。日常会話のブランドであり主流ブランドでもあるガルニエの場合、有名ブロガーの協力を仰ぎ、世界をよりよい場所に変えるためにガルニエは何をしているのかについて、消費者に発信している。つまり、ブランドのプールを強化するために、ハブの求心力となるブロガーたちを利用しているのである。日常会話のブランドでありニッチブランドでもあるキールズは、主に地方の慈善活動のスポンサーになるといった草の根活動、店舗内のお客様掲示板、従業員による地域社会でのボランティア活動などを利用して、社会との接点をつくり出している。

このように戦術は異なるものの、ロレアルのコミュニティ構築戦略は、ブランドの本質を再確認する方法によって、コミュニティを構成する人たちと常につながることを意図している。

7 【神話】ブランド・コミュニティは、厳格なマネジメントとコントロールによって成功する。
【現実】ブランド・コミュニティは、人々のものであり、人々によって成り立っており、マネジメントとコントロールを受け付けない。

コミュニティをマネジメントするには過剰にコントロールする必要があるというのが、これまでの常識だった。コカ・コーラは一九八五年、消費者に愛されていたある炭酸飲料の生産を打ち切った。マイクロソフトは、企業ブロガーのロバート・スコーブルに圧力をかけた。ハスブロ・トーイズは、自社ブランドを真似たコンテンツを公開したファンを裁判所に訴えた。コミュニティの管理者は、かくも顧客より企業の利益を優先しがちである。

このような行為によって、ブランド・コミュニティはどれくらいコントロールすべきなのか、激しい論争が起こった。しかし、これは問題がズレている。ブランド・コミュニティは企業の資産ではなく、コントロールするなど幻想である。ただし、コントロールを諦めることは責任放棄ではない。有能なブランドマネジャーは、コミュニティの共同創設者として参加し、コミュニティをにぎわせる条件を考え出すことで、コミュニティを育て、円滑に運営する。

スケボーシューズのメーカーとして有名なバンズは、コントロールではなく支援によってコミュニティをつくり上げる名人として知られている。同社は初めから、バンズ・ファンの顧客こそブランドのオーナーであると認識していた。そこで、彼らの関心はどこに向いているのかを理解するために、これらファンに密着し、かつコミュニティを強化する方向性を模索することをみずからの役割とした。

また早い段階から、バンズ・ブランドのスポーツ・コミュニティ内のリードユーザーたちと一緒にデザインを考えたりした。さらに、民間のスケートパークが次々に閉鎖され始めると、熱心なバンズ・ファンのことを慮って、みずからスケートパークを開設した。バンズは、音楽ファンでもある顧客を支援する一環として、ヤング・アダルトを対象とした音楽フェスティバル「ワープド・ツアー」のスポンサーを第一回目から務めていた。その後、同社はアマチュア・スケートボーダーの全国大会がないことに気づき、「ワープド・ツアー」の主催者を説得して、スケボー大会をこの音楽フェスティバルの一プログラムに加えた。さらに、「ワープド・ツアー」がスケボーとBMX（バイシクル・モトクロス）の一大イベントに成長すると、これをそっくり買収した。

現在「ワープド・ツアー」では、若い音楽ファンが参加しやすいように、開催地ごとにエアコン完備の育児ラウンジを設置するほか、年間を通じてファン同士の交流を支援したり、本ツアーに遠方の友人と一緒に参加できるように手助けしたりするためにオンライン・コミュニティを立ち上げるなど、革新的な取り組みが行われている。

コントロールする代わりに、コミュニティの構造と柔軟性のバランスを重視した設計理念の下、効果的なコミュニティをつくり上げている企業もある。ジャンプ・アソシエーツは、このような設計フレームワークとして利用できる、九種類の典型的なコミュニティ・スプリクトを明らかにしている（図表8-3「コミュニティ・スプリクトの例」を参照）。コミュニティ・スクリプトは、特定の社会的状況にお

図表8-3｜コミュニティ・スクリプトの例

コミュニティ・スクリプトは、ある特定の状況で適切とされる一連の行動を示すものである。基本となるスクリプトを設定・補強し、時間の経過とともに新しいスクリプトの層を重ねることにより、ブランド・コミュニティを設計できる。

スケボーシューズのバンズは当初、固いきずなで結ばれたサーファーやスケートボーダーのコミュニティに製品を販売していた。同社はこれらのグループとの間に直接の関係を築き上げ、主要なユーザーを育て上げることによって、秘かに「部族」のスクリプトを補強した。

さらにバンズは、スケボーの競技大会とスケートパークのスポンサーを務めることで、「パフォーマンススペース」のスクリプトを導入した。同社はまた、スケボークリニックとデモンストレーションを通じて、「ソーイングサークル」のスクリプトを付加している。

トライブ｜tribe

経験、儀式や流儀を共有する中で築かれた対人関係に基づくグループ。

フォート｜fort

コミュニティ内の人たちが「ここは安全で、ちゃんと守られている」と感じる排他的な場所。

ソーイングサークル｜sewing circle

共通の関心を有する人たちが経験を分かち合い、支え合い、交流するための集い。

パティオ｜patio

緊密で有意義な関係づくりを促す、ややプライベートな場所。

バー｜bar

浅い付き合いしかできないが、安心できる公共スペース。

ツアーグループ｜tour group

快適な場所にいながら新たな経験に参加する方法。

パフォーマンススペース｜performance space

メンバーが自分の才能を見てくれる観客を確実に見つけられる場所。

バーン・レイジング｜barn raising

「納屋の棟上げ」という意味。人間関係を深めながら課題を有効に成し遂げる方法。

サマーキャンプ｜summer camp

きずなを定期的に再確認する体験。

いて期待される一連の行動である。たとえば、しゃれたレストランでデートする時、あるいはCEOの部屋で面接を受ける時、あなたが使うスクリプトについて考えてみてほしい。

ハーレーは、コミュニティを構築・強化するために、スクリプトをどのように利用すべきかを示す好例である。仲間意識というハーレー・ブランドの精神は、「トライブ」（経験、儀式や流儀を共有する中で築かれた対人関係に基づくグループ）のスクリプトに基づいており、これによって、共通の経験と伝統を通じて深い社会的な結び付きが形成されている。

同社経営陣は当初、コミュニティのアイデンティティを強化する目的で、まずこのスクリプトにテコ入れし、コミュニティ経験を改善していくために、新しいスクリプトの要素を追加していった。たとえばHOGでは、メンバー限定のイベントと特典を通じて、「フォート」（コミュニティ内の人たちが保護されていると感じる排他的な場所）のスクリプトを導入した。さらに、HOG集会やそれ以外に開催される顧客の集まりによって、「サマーキャンプ」（定期的にきずなを確認するための体験）のスクリプトが加わった。

ハーレーダビッドソン博物館と販売代理店の両方は、さまざまな種類の人間関係を育むために、「パティオ」（緊密で有意義な関係づくりを促す、ややプライベートな場所）と「バー」（浅い付き合いしかできないが、安心できる公共スペース）のスクリプトを活用するように設計された。

基礎となるトライブのスクリプトに、別のスクリプトを重ねていくことで、ハーレーは、結束力の強い中心的なファンを維持し、かつそれ以外のファンも魅了する多面的なコミュニティ経験を生み出すことに成功した。建設的に関わる、スクリプトに基づいてコミュニティを設計するなど、手段は何であれ、賢明な企業は、コミュニティをコントロールするという幻想を捨てる一方で、みずからコミュニティの参加ルールを決めている。

準備はできているか

どのようなブランドもコミュニティ戦略の恩恵にあずかれるだろうが、あらゆる企業がこの戦略を首尾よく実行できるとは限らない。コミュニティ戦略の実行には、全社的な意欲と職能の壁を超えて取り組む意志が要求される。さらに、企業の価値観から組織デザインに至るまで、すべてを見直す大胆さも求められる。同時に、コミュニティメンバーがやりたいことに応え、コントロールを放棄し、コミュニティ内の対立を全体の一部として受け入れるために、不屈の精神で臨む。

はたして、あなたの会社はこの課題に対処できるだろうか。（注6）もし、しかるべきマインドセットとスキルを持ってアプローチすれば、コミュニティは効果的な戦略となる。強固なブランド・コミュニティは、顧客ロイヤルティを高め、マーケティングコストを引き下げ、ブランドの意味が本物であることを証明し、企業の成長に貢献するアイデアを次々に生み出す。

コミュニティへの責任、関与、支援を通じて、大きなリターンをもたらすブランド・コミュニティを深耕することができる。コミュニティにちゃんと取り組めば、そこからメリットが得られることは間違いない。

【注】

(1)ハーレーダビッドソンの危機と再生についてはRich Teerlink, "Harley's Leadership U-Turn," HBR, July-August 2000.(邦訳「ハーレーダビッドソン再生への道」DHBR二〇〇〇年一二月号)を参照。

(2)五〇歳以上の快活な女性を会員とする組織。規則に縛られず、「楽しく、仲よく」をモットーに活動を展開している。その目的は、同年代の女性への注目を高め、現代文化の中で新たな女性像を形成することである。ちなみに、会則の一つに「赤またはピンクの帽子をかぶる」というものがある。

(3)米国のブラックロック砂漠において、年一回八日間にわたって開催される大規模なイベント。期間中、会場は外部と遮断され、そこで構築される独自の実験的な地域社会は、みずからを架空の都市「ブラックロック市」(BRC：Black Rock City)であると名乗っている。BRC市民である参加者たちは、任意の場所に設営したテントやキャンピングカーを自分の家にして、そこで新しい隣人たちと出会い、友人をつくり、交遊し、また助け合いながら、過酷な自然環境下で一週間生き抜く。そのために必要となる水、食料、衣類、住居は、自己責任において事前に準備することが求められる。また、通貨の使用や商行為は禁止されており、見返りを求めない贈り物と親切によって共同体を成立させている。

(4)映画『スター・トレック』を愛する人たちの集まり。

(5)スポーツカー・ブランドMGの主要車種MGBを愛する人たちの集まり。

(6)これを確かめるにはbrandcommunity.hbr.orgにアクセスし、我々が開発したオンライン診断Community Readiness Auditを利用されたい。

第9章

女性の消費力が世界経済を動かす

ボストン コンサルティング グループ
シニア・パートナー&マネージング・ディレクター
マイケル J. シルバースタイン
ボストン コンサルティング グループ
パートナー&マネージング・ディレクター
ケイト・セイヤー

"The Female Economy"
Harvard Business Review, September 2009.
邦訳「女性の消費力が世界経済を動かす」
『DIAMONDハーバード・ビジネス・レビュー』2010年10月号

マイケル J. シルバースタイン
(Michael J. Silverstein)
ボストン コンサルティング グループのシカゴ事務所のシニアパートナー&マネージングディレクター。

ケイト・セイヤー
(Kate Sayre)
ボストン コンサルティング グループのニューヨーク事務所のパートナー&マネージングディレクター。

両者の共著に、『ウーマン・エコノミー』(ダイヤモンド社、2009年)がある。

世界経済に与える女性消費者のインパクト

いま、女性が世界経済を動かしている。女性による全世界の年間消費支出総額は約二〇兆ドルに上り、今後五年間で二八兆ドルに増えると予想される。また、一三兆ドルという年間所得総額は一八兆ドルに達する見通しである。実際、世界の女性全体で、中国とインドを合わせた以上（実に二倍以上）の成長市場を形成している（**図表9-1**「世界最大の商機」を参照）。これらの数字を踏まえれば、女性消費者を無視または軽視するのはばかげたことだ。しかし、多くの企業が、そして女性の時代が訪れても勝てる戦略があると自負する企業ですら、女性消費者を軽んじている。

デルは、女性用ノート型PCを上市したものの、その努力は短命に終わった。これについて考えてみよう。二〇〇九年五月、同社はそのために、「デラ」というウェブサイトを立ち上げたが、「とにかくピンクにすればよい」という古典的な考え方から抜け出せなかった。デラは、カラーバリエーションやPC用のアクセサリー、カロリー計算やレシピ検索のヒントといった内容が中心だった。これが女性たちの間に反感を呼び、「見た目は悪くないけど、ムカつく」「バカにされている感じ」と評された。

この「女性専用サイト」に、ブロガーたちもすぐさま反応した。IT専門のウェブサイト「ザ・レジスター」を主宰するオースティン・モディーンは皮肉っぽく、こう記している。「コンピュータを買う

図表9-1｜世界最大の商機

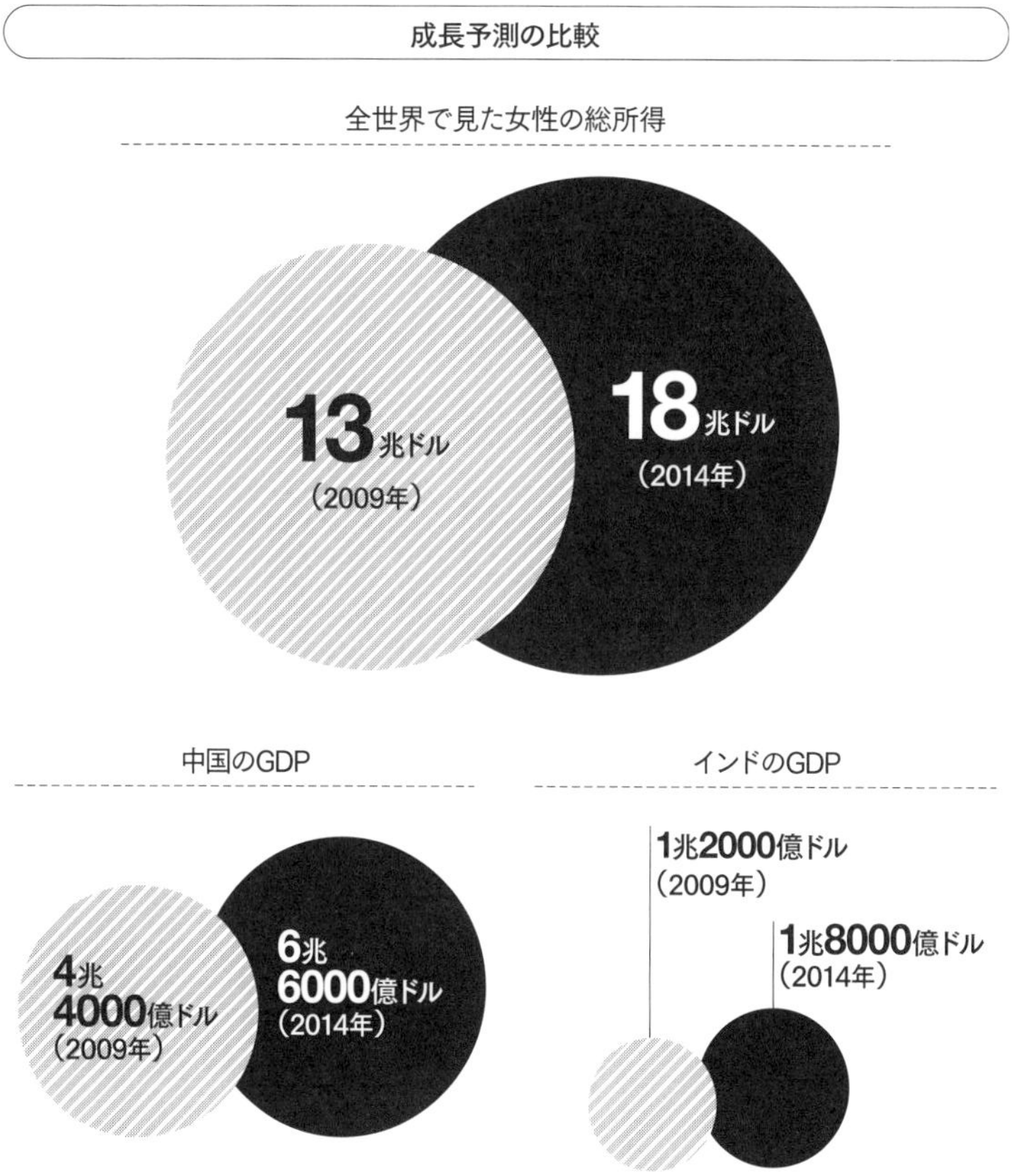
成長予測の比較
全世界で見た女性の総所得
13兆ドル
（2009年）
18兆ドル
（2014年）
中国のGDP
4兆
4000億ドル
（2009年）
6兆
6000億ドル
（2014年）
インドのGDP
1兆2000億ドル
（2009年）
1兆8000億ドル
（2014年）

ことは性別に無関係な行為であると思っていたならば、急性の女性ヒステリーを起こして卒倒していたに違いない（頭の固い医者も一〇人中九人がこれに同意するだろう）」

『ニューヨーク・タイムズ』紙は、デルのことを「マーケティング道場」で厳しく鍛え直す必要があると評した。立ち上げから数週間で、同サイトは名称とテーマが変更された。そしてデルは、「皆様のご意見を拝聴しました」とユーザーに伝えた。すぐさま軌道修正したことを評価する声もあったが、ウェブサイトを立ち上げる前に、同社のマーケターたちがポジショニングのぎこちなさを感じ取れなかったのは疑問である。

大半の企業が、女性にモノを売ることについてもっと学習する必要がある。二〇〇八年、ボストンコンサルティング グループでは、女性が自分の仕事や生活についてどのように感じ、企業からどのようなサービスを受けているかについて、包括的調査を実施した。その結果、大いに改善の余地があることが判明した。この調査には、四〇以上の地域から、所得水準や職業の異なる一万二〇〇〇人以上の女性が参加した。学歴、お金、家庭、持ち物、仕事とキャリア、活動や関心事、人間関係、希望と不安に関する質問のほか、三〇以上の財／サービスのカテゴリーにおける購買行動と支出パターンに関する計一二〇の質問に回答――まさしく忌憚のない意見が多数出された――してもらった。(注)さらに、インタビューを数百回実施し、また一三注目分野五〇組織で働く女性を調査した。

手短に調査結果を示そう。女性は大きな不満を感じている。過去一〇〇年の間、女性の市場影響力と社会的地位は著しく向上したが、女性はいまだ市場や職場で過小評価されているようだ。女性たちは、いろいろなことに時間を取られており、仕事や家庭、家族など、何から手をつければよいのか、たえず頭を悩ませている。時間を節約できるソリューション、女性専用の製品やサービスによって、彼女たちのニーズに応えている企業はほとんどない。女性にとって、パンツを見つけたり、健康的な食事をしたり、金融について男性と同じアドバイスを受けたり、体型維持のために時間を使ったりするのは、いまだ大変なことである。消費財カテゴリーの大半で女性が支出を管理しているにもかかわらず、まるで女性に購買決定権がないかのような態度の企業があまりに多い。

企業は、貧困な発想から生まれた製品やサービス、時代遅れのマーケティングストーリーを提示し続け、このせいで女性に関する固定観念がいっそう強化される。自動車業界に目を向ければ、自動車はあくまでもスピード重視で、女性にとって一番の関心事である利便性は二の次だ。ちっちゃな子ども二人を乗せなければならない母親のニーズに応えたSUV（スポーツ用多目的車）はまだない。ペーパータオル、バウンティの最近のテレビCMを思い出してほしい。これは、母親がやってきて笑顔で汚れを拭き取るまで、部屋にこぼれた液体を夫と息子が突っ立って見ているというものである。

その一方、職場における女性の影響力はますます拡大している。本稿を書いている間にも、米国で働く女性の数は働く男性のそれを上回ろうとしている。今回の不況で職を失った人の四分の三が男性である。とはいえ、女性の平均賃金は男性より低く、パートタイムで働いている人が多いというのが現状だ。それでも、これらの要因により、女性は不況の影響を直接的に受けずに済んだともいえる。

しかし我々は、景気が回復するにつれて、今後何十年かの間に女性が最も大きな市場機会をもたらすだけでなく、景気回復を後押しし、新たな繁栄を生み出す重要な力になると考えている（図表9-2「女性が消費者支出の大部分を動かす」を参照）。

どこにチャンスがあるか

女性の物語は千差万別である。しかし、調査結果にはどのようなパターンがあるのか、調べてみたところ、回答者から六つの基本型が明らかになった。これらのタイプは、主に所得と年齢、ライフステージで決まる。

●エリート女性
●超多忙主婦
●生活エンジョイ派
●自力生計型
●ゆうゆうシニア層
●家計ひっ迫層

図表9-2｜女性が消費者支出の大部分を動かす

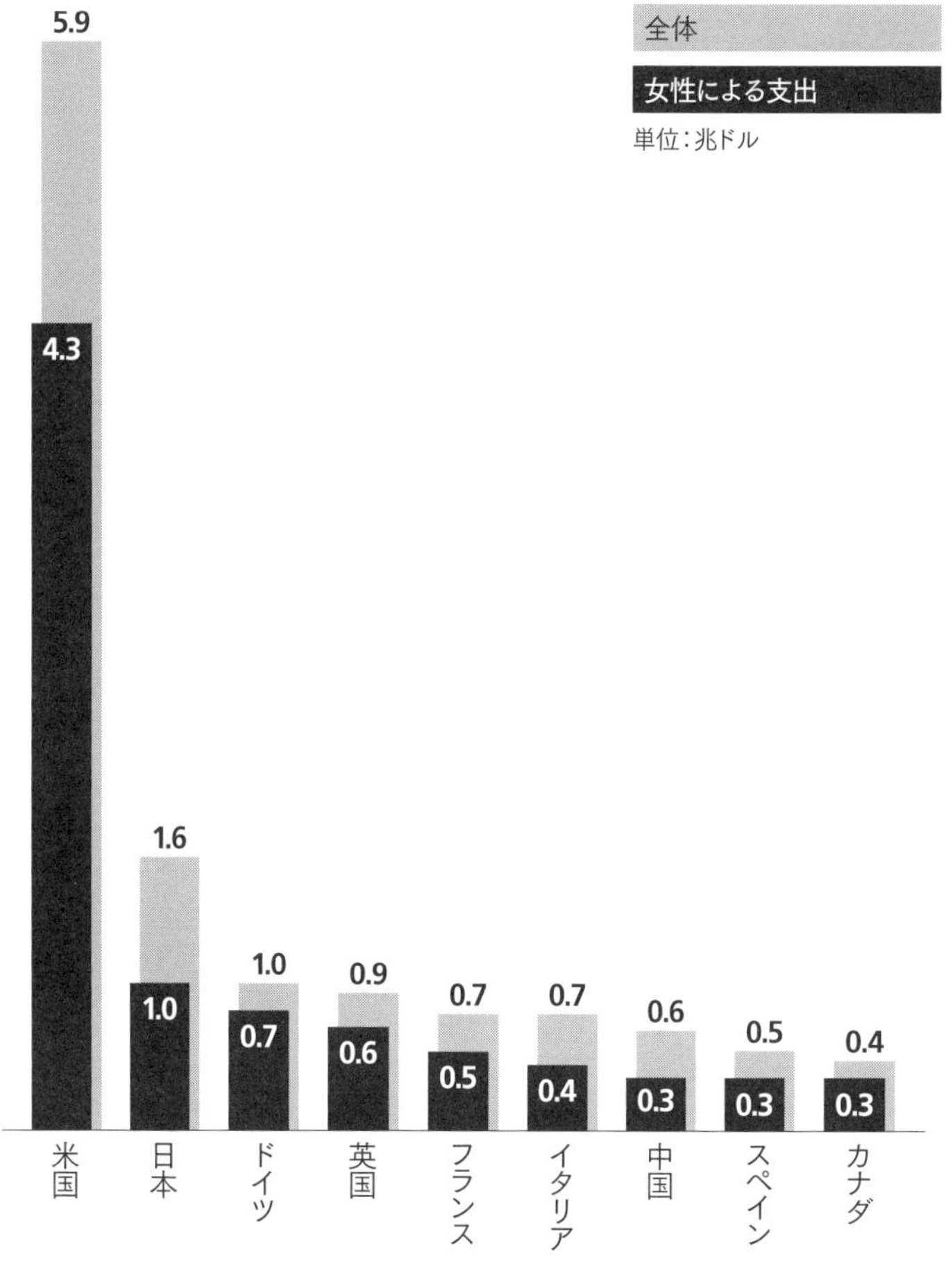

一つのタイプにしか該当しないという女性は稀である。たとえば、既婚で子どものいる「エリート女性」の人は、一生涯のうち「超多忙主婦」に当てはまる時期もあるだろう（図表9-3「女性消費者は六つのセグメントに分けられる」を参照）。このようなセグメンテーションは、むろん限界があるとはいえ、製品やサービスの開発やそのマーケティングに必要な情報を知るうえで役に立つ。誰をターゲティングし、その人が市場で何を求めているのかを理解することは、優位性の源泉になるだろう。

どのような企業も、女性顧客が魅力的なターゲットであることに気づいているだろうが、特に大きな可能性を秘めている業界は六つある。その中で、「食」「フィットネス」「美容」「衣」の四業界では、女性による支出や買い替えがとりわけ多い。一方、「金融」「医療」の二業界は、女性の不満が極めて顕著である。

❶食

食は、一大ビジネスチャンスである。食材の購入や料理の大半が、女性の仕事とされている。消費者にとって、食は最も重要な予算項目であり、加減はできても、なくすことはできない。今回の調査で、女性の人気が高かった食料雑貨店は、ホールフーズ・マーケットとテスコだった。両社は、対象セグメントこそ違えども、それぞれロイヤルティの高い顧客を獲得している。

ホールフーズは、値段が割高にもかかわらず、要求は厳しいが裕福な「エリート女性」をターゲットにして成功を収めている。彼女らには、良質の肉や農産物、商品知識が豊富なスタッフを求める傾向が見られる。テスコの各店舗は、書籍や家具、金融サービスなど、家庭用アイテムを幅広く揃えることでワンストップショッピングを提供し、時間に追われ、利便性を求めている「超多忙主婦」をターゲットにしている。

❷フィットネス

フィットネスも、市場規模の大きいビジネスである。米国だけでも、ダイエット食品市場は年六～九％のペースで成長しており、その規模は概算で一〇〇億ドルに上る。ちなみに、全世界で見て約二〇〇億ドルである。また、米国のフィットネスクラブ業界の年間売上高は約一四〇億ドルである。今回の調査では、回答者の約三分の二が「自分は過体重（小太り）である」と答えている。過体重は、最近まで米国だけの問題だったが、いまや世界的な現象になっている。

しかし、フィットネスは重要と言いながらも、実際の優先順位は低い。「夫、子ども、親、自分のニーズに優先順位をつける」という質問では、回答者のほとんどが自分のニーズを二ないしは三番目としており、言い換えれば、女性が運動の時間を見つけるのは難しいといえる。

企業にとっての課題は、女性がもっと気軽にフィットネスを楽しめるようにすることである。実際、フィットネスクラブは利用料金が高く、男性向けになっているものが多い。フィットネス施設というよりもナイトクラブのようで、ボディビルダー向けにつくられている。一般的に、女性の関心は、筋肉を鍛えることより、ダイエットや循環器系の改善、体力づくりにある。まぶしい照明や電子音楽、汗臭い

Pressure Cooker
超多忙主婦

女性人口の**22**%
勤労所得の**23**%

- 既婚で子どもあり。
- 軽んじられ、型にはめられていると感じている。

[サブセグメント]

Successful multitasker
切り盛り上手

女性人口の**10**%
勤労所得の**14**%

- 主導権を握っていると思っている。

Struggling for stability
安定願望型

女性人口の**12**%
勤労所得の**9**%

- いつもばたついている。

Relationship Focused
生活エンジョイ派

女性人口の**16**%
勤労所得の**13**%

- 充足感があり、楽天的。
- 時間に追われていない。
- 十分な可処分所得がある。
- モノよりコト（経験）を重視する。

Managing on Her Own
自力生計型

女性人口の**10**%
勤労所得の**9**%

- 離婚または死別により独身に戻る。
- 人間関係のつくり方を模索する。

Fulfilled Empty Nester
ゆうゆうシニア層

女性人口の**15**%
勤労所得の**16**%

- 概してマーケターになおざりにされている。
- 健康と美しく年を取ることに関心がある。
- 旅行や運動、レジャーに興味がある。

Making Ends Meet
家計ひっ迫層

女性人口の**12**%
勤労所得の**5**%

- 美容や運動にかけるお金はない。
- 大卒者以上は少ない。
- 控除、お得なもの、ちょっとした贅沢を求める。

図表**9-3**｜**女性消費者は6つのセグメントに分けられる**

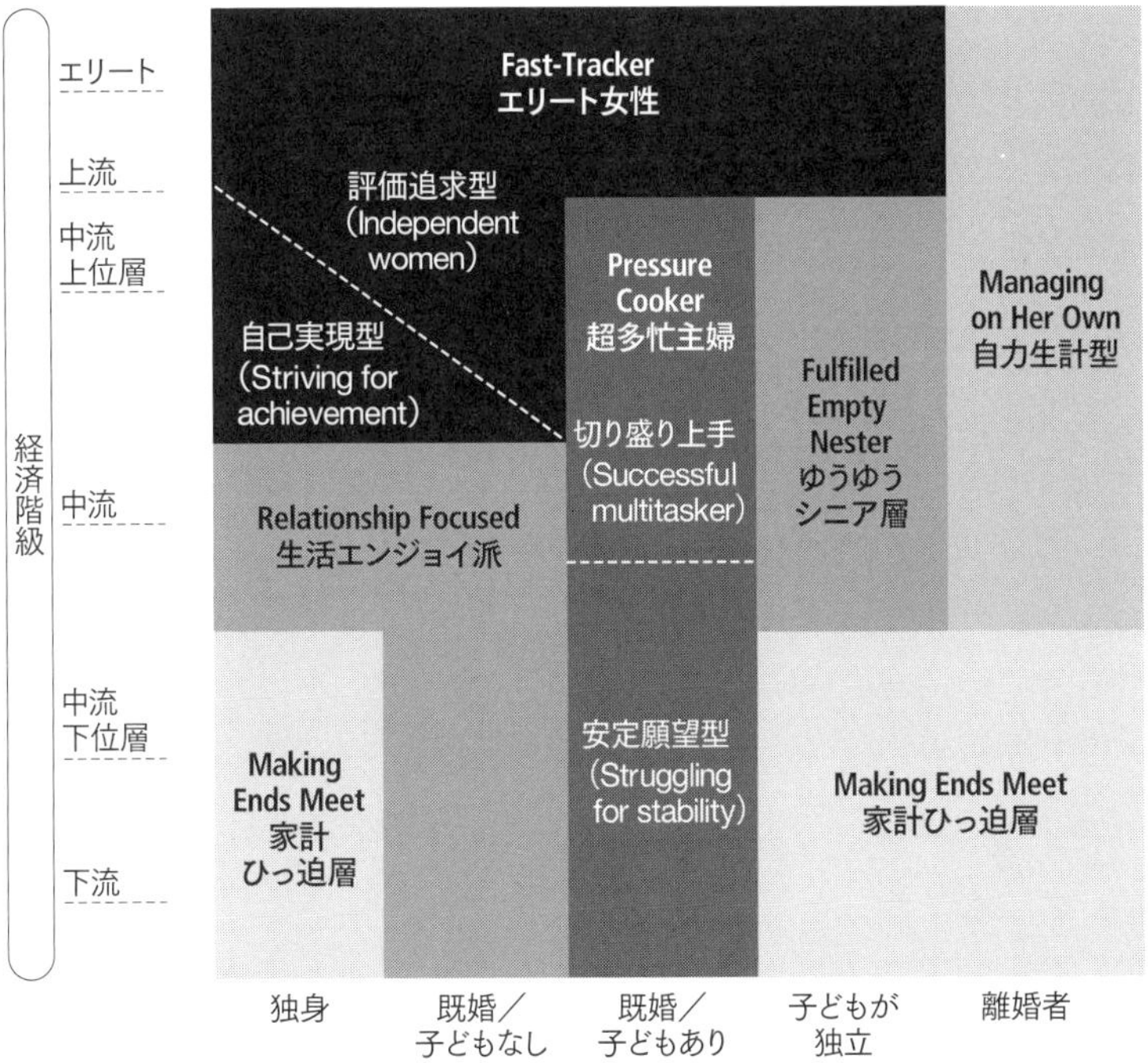

Fast-Tracker
エリート女性

女性人口の**24**%
勤労所得の**34**%

●高学歴で経済的地位も高い。
●冒険と学習を求める。

［サブセグメント］

Striving for Achievement
評価追求型

女性人口の**15**%
勤労所得の**19**%

●仕事と他者からの評価を重視。

Independent Women
自己実現型

女性人口の**9**%
勤労所得の**15**%

●一番よく働く。
●自律性を大切にする。

男性、使い方がわかりにくいマシンは、往々にして興ざめなものである。

フィットネスクラブチェーンのカーブス・インターナショナルは、こうした女性の気持ちを理解し、これに応えることで急成長を遂げた。カーブスのコンセプトは、単純明快である。すなわち、低料金、待ち時間なし、女性限定、平均的体格の中年層に合ったノンフリル（訳注：余剰サービスを省き、コアのサービスだけを低価格で提供する）のスペースである。また、単純な三〇分間のサーキットトレーニングの間、インストラクターが側に立って先導役を務めるため、専門のトレーナーを雇う必要がない。

❸美容

美容関連の製品やサービスは、女性の幸福感を高めてくれる。インタビューした中で、所得に占める化粧品代の割合が大きい人ほど、生活の満足度が高く、社会的に成功しており、また精力的であった。彼女たちは、長時間働いてもストレスが少ないとも述べている。それでも、女性は基本的に、美容関連の製品やサービスに不満を感じている。また、美容業界は変化のさなかにあるが、その方向性のせいで、彼女たちの金離れは予想以上に悪い。

一つは選択肢が多すぎる。美容産業は、女性のウオンツを男性が推測するなど、男性が支配する世界であり、新製品が次々に現れては消えていく。女性の場合、この業界にあこがれ、まだ半人前の頃は一生懸命仕事に励むが、シニアマネジャーや執行役員にはなれない。市場シェアを伸ばすには、まず女性の幹部社員を増やすことだろう。そうすれば、女性が重要な意思決定に貢献できると同時に、顧客の共感を得られること、あるいは得られないことについて意見できる。

　美容業界で好業績を上げている企業の多くは、新しい技術を創造的に利用し、もっと若く見せたいという女性のニーズに応えている。たとえば、顔用スキンケア製品は全世界で二〇〇億ドル規模に成長している。かつて陳列棚に置かれていたのは保湿化粧品が中心だったが、いまでは、日焼け防止、肌の張りの改善、毛細血管の強化など、さまざまな効果を備えた製品が並べられており、いずれも、老化を予防する、あるいは少なくともごまかしてくれるものである。

　その中でも最高級品といえるのは、スイスのラ・プレリー製の老化防止用保湿剤、セルラークリーム・プラチナムレアで、その販売価格は一・七オンス（約四八ミリリットル）入り一〇〇〇ドルである。同社によれば、このクリームに配合されたプラチナ微粒子が「肌の電気バランスを整え、肌のDNAを保護する」という。この価格にもかかわらず、二〇〇八年の発売当時、高級小売店の店頭には、この瓶詰めクリームを買うために行列ができた。対照的に、プロクター・アンド・ギャンブルのオレイは、ドラッグストアでも購入できる。以前は単一用途（保湿）の低価格商品で、その市場シェアも二％程度だったが、用途を広げて高級化を図ったところ、家庭への普及率は四〇％になった。新生オレイの中で特に売上好調なのが、リジェネリスト・デイリーリジェネレイティング・セラムだが、その広告には美容整形の次に効果的な美顔法と謳われている。

❹衣

衣類（アクセサリーと靴を含む）は、年間売上高四七〇億ドルのグローバル産業だが、主にサイズと価格について、大いに改善の余地がある。米国の場合、六号サイズ（日本の九号）がちょうどよいという女性は少数派であり、大半が、服を買うたびに不愉快な思いを味わっている。実際、試着によって自分の体型について自信を失い、がっかりすることが少なくない。

バナナ・リパブリックは、我々の調査では女性に人気のアパレル小売りだが、特にパンツのサイズの問題に取り組んだことで、ロイヤルティの高い顧客を増やしている。同ブランドは、さまざまな体型に合った裁断を揃え、各種サイズを全商品で統一している。自分の「フィット・ブロック」（体型を意味する同ブランドの専門用語）が見つかれば、オンラインでも迷うことなく、すぐにさまざまなパンツを購入できる。バナナ・リパブリックはGap傘下で最も収益性の高いブランドに成長し、過去五年間で唯一成長を遂げている。

一方、エクスプレスは、デザインとカラーにこだわったが、サイズの統一で失敗している。八号（日本の一一号）と表示された四着の服を試着したところ、実際には六号（九号）から一二号（一五号）とサイズのばらつきが見られた。同チェーンの売上げが大幅に落ち込み始めたことで、親会社のリミテッド・ブランズはこのファッション・アパレル事業から撤退することを決め、二〇〇七年にエクスプレスを、プライベート・エクイティ・ファンドのゴールデン・ゲート・キャピタル・パートナーに売却した。

今回の調査では、衣料品が割高になっていることも女性の不満の種になっていることが判明した。回答者の間でスウェーデンのH&Mが人気だったことが、それを物語っている。H&Mでは、遊び心があって、流行を採り入れた衣料品を手頃な価格で販売している。在庫の回転が速いため、店を訪れるたびに驚きがある。無理のない金額で新しい服が買えるというのは、女性にとって重要なことである。また、従業員の八〇%、店長の七七%、地域マネジャーの四四%が女性であるという事実も、H&Mの成功を支えている。そして、取締役会も一一人中七人が女性である。

今回の調査で話を聞いた女性のうち、実際に新しい服が必要だった人はごく少数であり、年一、二回の買い物で基本アイテムを補充する程度という人が大半のようである。一方で、彼女たちは、本当に自分に似合う服ならば割高でもかまわないとも述べており、メーカーや小売業者にすれば、アパレル市場には未開拓の部分が多く残されているといえる。女性のウオンツに注意深く耳を傾けるなら、素材やカラー、快適性、フィット感を向上させる新しい技術を探してみてはどうだろう。

❺金融サービス

金融サービスは、女性に最も冷たい業界ナンバーワンに選ばれている。しかしやり方を変えられれば、一番大きな成果が得られるであろう業界の一つである。

不況にもかかわらず、米国の個人資産総額は二〇二〇年には現在の一四兆ドルから二二兆ドルに増えた。しかもその五〇%を女性が保有していると予想されている。しかし多くの女性が、男性をターゲット顧客に想定している金融機関のサービスやその質に失望している。我々の調査の回答者が金融機関に関して発するコメントは手厳しい。おざなりな対応、不十分なアドバイス、矛盾だらけの方針、画一的な申込書類、さらに際限なく続くお役所仕事に対して、「疲れる」「イライラする」と訴える。彼女らから聞いた意見の一部をご紹介しよう。「性別や年齢で判断されるのにはうんざり。それに、幼児に話すような話し方をされるのも勘弁してほしい」「私のような独身女性の案件など、金融機関はどうでもよいのだと感じることが多い」「金融機関の人たちは、女性に対して『初歩的なことしか理解できまい』という態度で話す」「私の年収はだいたい一〇〇万ドル。資産が二〇〇〇万ドル以上貯まったら退職しようと思っている。したがって、月並みなディスカウント・ブローカーなどお門違い、高級志向の資産管理サービスもお呼びじゃない」

不満を抱えていて、しかも投資に回せる資産が二〇〇〇万ドル以上ある顧客など、千載一遇のチャンスではないか。概して、女性向けの投資サービスと生命保険は、まだまだ市場開拓の余地がある（**図表9-4**「金融分野の潜在需要は数兆ドル」を参照）。

❻医療

我々の調査によれば、女性にとって、医療はイライラの種であり、この傾向は中年の回答者でとりわけ顕著だった。病院や医師への不満をあからさまに述べた女性がまことに多い。一般医や専門医のサービスについて聞いたところ、回答者の六〇％以上が「やや改善の余地あり」または「大いに改善の余地あり」と述べている。三〇～四九歳の女性のうち、一般医に不満があるのは七一％、専門医に不満があ

図表**9-4**｜**金融分野の潜在需要は数兆ドル**

金融サービス業界には、大儲けできるチャンスがある。結婚あるいは離婚、出産、転職といった転機では、女性が投資を決意する可能性が極めて高いゆえ、絶好のビジネスチャンスといえるだろう。

	投資・金融アドバイザー	生命保険	決済
満たされていないニーズ	●金融教育 ●女性の人生に固有のイベントを理解し、それに対処できるアドバイザー ●男性と同等の扱い	●家族全員を対象にした保険と稼ぎ手だけを対象にした保険の違いに関する教育 ●働く女性と男性に平等な保障 ●在宅勤務者の査定	●女性向けのポイントプログラムや支払計画
潜在価値（米国の場合）	●離婚または死別した富裕層女性の資産は合計でおよそ2兆1000億ドル	●保障範囲を広げることで約2兆ドルが見込まれる	●クレジットカードによる購入額は合計で約1兆4000億ドル
目標	●市場シェアの獲得 ●市場の拡大	●市場の拡大 ●新たな市場の創造	●市場シェアの獲得 ●市場の拡大
ターゲットにとって重要な転機	●離婚 ●配偶者の死	●結婚 ●最初の住居購入 ●昇進 ●第1子の誕生	●最初のクレジットカード ●大学卒業 ●最初の就職

るのは六八%だった。具体的には、受診や検査結果を待つことはもとより、自分や家族のためのスケジュール調整や予約に時間を取られることに、彼女たちはいら立っている。これに拍車をかけているのが、女性の場合、一般的に男性より健康保険料の負担が大きいことである。

女性のニーズに応えられる企業には、この分野もチャンスは非常に大きい。ジョンソン・エンド・ジョンソン(J&J)は、医療サービスの会社ではない。しかし、回答者の薬箱をのぞけば、経口避妊薬、ベビーケア用品、絆創膏といった形で、製品がたいてい常備されている。同社は、売上げの四%——業界平均の二倍以上——を消費者調査と製品開発に費やしており、同業他社より女性顧客を正しく理解していると思われる。たとえば、幼い子どもを抱えている母親は最も重要な顧客グループの一つであるため、J&Jはフィラデルフィア小児病院で子どもの睡眠を研究する専門家と提携して、臨床試験を実施した。合わせて、乳児の睡眠改善に役立つ三段階のルーチン(入浴、マッサージ、安静の時間)を共同開発した。その後、これらのルーチンを支援する製品ラインを発売したが、これは自社の信頼性を高めるために行った臨床試験の結果を踏まえたものである。

重い負担とプレッシャー

今回の調査とインタビューでは、時間の問題、そしてその不足がたびたび浮上してきたことから、よ

図表9-5｜配偶者またはパートナーが家事を手伝う割合

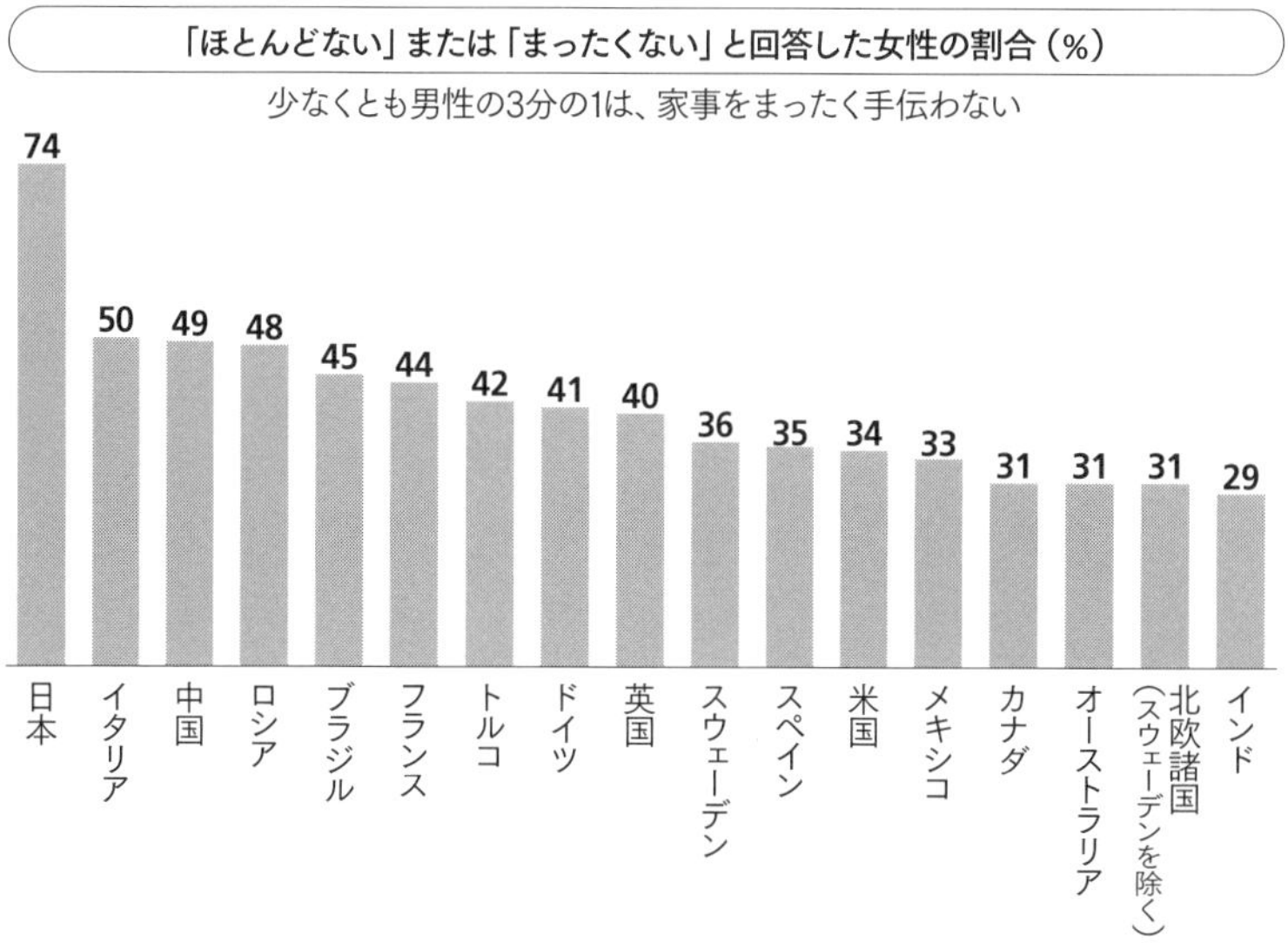

り簡単かつ便利な購買手段を提供すれば、以上で議論してきた六業界すべてで具体的な優位性を生み出せるだろう。女性たちが自分の時間を十分確保できないでいることもわかった。我々の調査によれば、女性の家事負担は依然として男性より重く、男性の約三分の一が配偶者やパートナーと家事を分担していない。

女性へのサポートが最も少ないのが日本で、七四%が配偶者の協力を、ほとんどあるいはまったく得られていない。対照的にインドでは、七一%が夫は家事に協力的であるという（**図表9-5**「配偶者またはパートナーが家事を手伝う割合」を参照）。

今回の調査では、年齢によってプレッシャーが変わってくることもわかった。女性の幸福感は若い頃と晩年に最も高く、四〇代初めから半ばにかけて最低水準に落ち込んでいる。この時期は仕事と家庭の両立で最も苦労し、子どもと年老いた親の両方を世話しなければならないからだ。したがって、このグループの女性は、生活をうまく管理し、優先順位のバランスを図るのに役立つ製品やサービスを特に受け入れやすいといえる。

女性の社会進出、権力と影響力の未来

経済危機が収束した時、経済や世界秩序において、女性がいま以上に重要なポジションに立っていることが予想される。その時、経済はどのような様相を呈しているだろうか。いくつかの点では、過去五〇年間と同じ傾向が見られるだろう。

一つは、女性が労働力全体に占める割合が史上最高になると思われる。働く女性の数は年間約二・二%のペースで増加している。二〇一三年には、女性の就労人口が現在より約九〇〇〇万人増え、雇用が必要になれば、おそらくこれを上回る。ほとんどすべての大手消費財メーカーでは、ミドルマネジャーの大半が女性である。彼女たちがより上位のポジションに昇進するのは時間の問題だろう。すでに米国産業界では、女性オーナーが四〇%を占めており、これらの会社は米国全体の平均に比べて二倍のペースで成長している（政府契約は女性オーナー企業が優遇されるので、中小企業はこれを受注しようとそう装っているため、正直なところ、この数字には嘘も入っているが）。ワーク・ライフ・バランス、さ

まざまな要求のせめぎ合い、そして時間不足は、今後も女性を悩ませ続けるだろう。

女性経済《ウィメンズ・エコノミー》の可能性に気づけば、女性たちの社会的関心にまったく新しい商機を見出すことだろう。女性は、世の中に、とりわけ他の女性たちに貢献する企業から製品やサービスを購入しようとする。直接的であれ間接的であれ、健全な精神と肉体を育み、環境を保護し、困っている人たちに教育と支援を差し伸べ、愛やきずなを呼びかけるブランドが成功するだろう。

加えて、女性は顧客でもある。女性のニーズをまったく無視した、あるいはいっさい満たしていない製品、表面的にしかニーズに応えていない製品に我慢するはずがない。固定観念で見られたり、年齢や所得だけを基準に分類されたり、「女性全般」の特徴という形で一くくりにされたり、ひどい場合、男性と一緒くたにされたりすることに、女性の反発はいっそう高まるだろう。

金融危機はいずれ終わる。いまは不況後の成長に欠かせない基礎固めの時期といえる。地理的に見た市場ではなく、ターゲットとして女性市場に焦点を当てれば、景気が回復し始めた時、成功する公算も大きくなる。女性のニーズを理解し、それに応えることが、経済の再建に不可欠である。そして、成長、ロイヤルティ、市場シェアを向上させるカギはそこにある。


【注】

調査の詳細とアンケートの簡略版については www.womenspeakworldwide.com を参照。

第 **10** 章

法人営業は提案力で決まる

ノースウェスタン大学 ケロッグスクール・オブ・マネジメント 教授
ジェームズ C. アンダーソン
ウェイクフォレスト大学 バブコック経営大学院 教授
ジェームズ A. ナルス
トウェンテ大学
スクール・オブ・ビジネス・パブリック・アドミニストレーション・テクノロジー 教授
ワウテル・ファン・ロッサム

"Customer Value Propositions in Business Markets"
Harvard Business Review, March 2006.
邦訳「法人営業は提案力で決まる」
『DIAMONDハーバード・ビジネス・レビュー』 2006年10月号

ジェームズ C. アンダーソン
(James C. Anderson)
ノースウェスタン大学ケロッグスクール・オブ・マネジメントのウィリアム L. フォード寄付講座教授。専門はマーケティングと小売戦略。ペンシルバニア州立大学ユニバーシティパークにあるインスティテュート・フォー・ザ・スタディ・オブ・ビジネス・マーケッツ（ISBM）のアーウィン・グロス寄付研究部門研究員。オランダのトウェンテ大学のスクール・オブ・ビジネス・パブリック・アドミニストレーション・テクノロジー客員研究教授。

ジェームズ A. ナルス
(James A. Narus)
ウェイクフォレスト大学のバブコック経営大学院の教授。B2B マーケティングが専門。

ワウテル・ファン・ロッサム
(Wouter Van Rossum)
トウェンテ大学のスクール・オブ・ビジネス・パブリック・アドミニストレーション・テクノロジー教授。民間経営および戦略的経営専門。

法人営業は売り手本位で顧客不在

「顧客バリュー・プロポジション（提供価値）」は最近、法人営業の世界で頻繁に使われる言葉の一つである。ところが、その取り組みについて調べてみると、バリュー・プロポジションの構成要素やその説得力を高める方法には、これといった指針がないことがわかる。それどころか、コスト削減などのメリットを主張するのに何の根拠も示さない企業も多い。しかし、具体的な説明やデータがなければ、それが本当だったとしても、大風呂敷だと見なされかねない。顧客企業の購買担当者は、コスト削減の責任を負っており、これは年々重くなる一方である。彼ら彼女らは何の証拠もないまま、サプライヤーの言葉を鵜呑みにしたりしない。

ある半導体メーカーの例を紹介しよう。同社は、電子機器メーカーが次世代製品向けに五〇〇万個を購入してくれないものかと考えていた。しかし、ある電子機器メーカーとの話し合いの中で、単価が一〇セント安いサプライヤーがほかにあることがわかった。

この電子機器メーカーは、各サプライヤーの営業担当者に「製品の売り」について尋ねた。その時、この半導体メーカーの営業担当者がアピールしたのは、自分が個人的に提供するサービスである。

しかし、彼はこの時、顧客企業がすでにバリューモデルを導入していることを知らなかった。実はこの半導体メーカーの製品は、価格では競合製品に一〇セント劣っていたものの、価値では一五・九セント優れていたのである。次世代製品の開発プロジェクトを指揮するエンジニアは、価格が高いとはいえ、この会社の製品を選ぶように購買マネジャーに進言した。

営業担当者が提案したサービスもたしかに価値があった。しかしそれはわずか〇・二セントほどの価値だった。つまり、この半導体メーカーの製品には、この顧客企業にとって決定的な要素が二つあったわけだが、残念なことに、彼らはそれに気づいていなかったのだ。

当然、それがどれほどの価値かも知らず、客観的に見れば、ライバル企業と比べてかなりの好条件を提示していることにも気づいていなかった。そのため、話し合いを重ねる中で、自社の製品に価格に釣り合うほどの優位性がないと思ったのか、成約するために、一〇セントの値引きに応じた。その結果、少なくとも五〇万ドルの利益を棒に振ったのである。

バリュー・プロポジションとは、マーケティング部門が広告や宣伝コピーに従って作成される一種の設計仕様書のようなものと割り切っている人もいる。しかし、これはあまりに近視眼的である。優れたバリュー・プロポジションは、やはり業績向上に大きく貢献する。ただしそのためには、真に顧客価値を創造する要素に焦点を絞らなければならない。そのようなバリュー・プロポジションを提案できる企業では、顧客を隅々まで知り尽くすための仕組みが整っており、経営資源の最適配分の下で、製品開発できるようになっている。

我々は二年間にわたって、ヨーロッパと米国で調査を実施し、顧客バリュー・プロポジションの構成要素と納得性の高いバリュー・プロポジションの開発方法について調べた。驚いたことに、顧客ニーズをきちんと反映させたバリュー・プロポジションはほとんど見つけられなかった。それでも、ベストプラクティスは少ないながらも存在する。以下、そのような事例を紹介しながら、顧客に価値をもたらすバリュー・プロポジションを提案し、またそのような価値創造活動を実践するための組織的アプローチについて紹介する。

バリュー・プロポジションを訴求する方法

我々が調べたところ、バリュー・プロポジションの提案方法は三種類に分けられる。一つ目は、すべての長所を列挙する方法であり、二つ目は、他社より優れた点を列挙する方法、そして三つ目は、顧客ニーズに特化する方法である（**図表10**「顧客バリュー・プロポジションを提案する三つの方法」を参照）。

1 すべての長所を列挙する

この中で最も頻繁に見られるのが、自社製品の長所を思い付くまま列挙する方法である。したがって、長所となる要素は多ければ多いほどよい。この場合、対象顧客や競合製品に関する知識はほとんど必要

図表10｜**顧客バリュー・プロポジションを提案する3つの方法**

バリュー・プロポジションの提案手法は、次の3つに分かれる。まず最もよく使われるのが、自社製品の長所を思い付くままに列挙する方法である。したがって、訴求ポイントは多ければ多いほどよい。

しかし、顧客には他の選択肢もあり、そのことを考慮すれば、バリュー・プロポジションの提案手法も変わる。ただしこの場合も、顧客が喜ぶような価値があるかどうかは脇に置いたままで、優位な点を列挙するだけである。

ベスト・プラクティス企業を見ると、対象顧客が最も重視する要素に的を絞ってバリュー・プロポジションを提案する。さらに、その訴求ポイントが価値をもたらすことを具体的に説明し、かつ顧客の優先事項をよく理解していることを訴える。

	1 **すべての長所を列挙する**	**2** **優位点を列挙する**	**3** **顧客ニーズに的を絞る**
内容	すべての長所を列挙する。	他の選択肢よりも優れている点をすべて列挙する。	近い将来、顧客に大きな価値をもたらすと思われる他社のバリュー・プロポジションとの相違点を1つか、2つ挙げる。1つくらい、他社のそれとの類似点が説明される場合もある。
想定される顧客の質問	製品にはどのような長所があるか。	競合製品と比べてどこが優れているか。	製品が顧客企業にもたらす最も大きな価値は何か。
調査すべきこと	自社製品	自社製品および競合製品	競合製品より優れている価値
落とし穴	顧客から見れば長所とは思えない要素を売り込む可能性がある。	顧客に価値をもたらさない要素を売り込む可能性がある。	顧客価値に関する調査が必要。

ないため、簡単にバリュー・プロポジションをパッケージできる。しかしこのアプローチは短絡的で、大きなリスクがある。というのも、サプライヤーにすれば長所かもしれないが、顧客にすればそうではないかもしれないからだ。

ベネルクス三国で、高性能ガス・クロマトグラフ（気化しやすい化合物の質量を分析する装置）を販売していた企業の例を紹介しよう。この製品はサンプルの損失を最小限に抑えるというのが売りで、主要顧客は大企業をはじめ、大学や官公庁の研究所だった。売上げを伸ばすため、同社は民間検査機関という新しい顧客層にも営業をかけようと考えた。そこで、民間検査機関を訪ね、最も標準的な装置を紹介し、サンプル・ロスを抑えることによって得られるメリットを列挙したのである。しかし、相手は苦笑するだけだった。なぜなら、この検査機関では水質と土壌の検査が主たるもので、サンプル・ロスはさしたる問題ではなかったからだ。このような予想外の展開によって、バリュー・プロポジションの再考を迫られた。

すべての長所を列挙する手法には、もう一つ問題がある。多くの長所を列挙しても、その多く、もしくはほとんどが競合製品にも備わっていれば、本当の優位点がかえって目立たなくなってしまうことである。したがって、バリュー・プロポジションを開発する前に、自社製品と競合製品との類似点と相違点を具体的に把握しておかなければならないのだ（**章末**「バリュー・プロポジションの三分類」を参照）。

失敗例を一つ紹介しよう。ある国際的なエンジニアリング・コンサルティング会社が、路面電車の敷設プロジェクトの入札に参加した時のことである。彼らは、クライアントである自治体を前にプレゼンテーションし、最後に自社の売りを一〇項目挙げた。しかし、説得力に乏しかった。なぜなら、最終選考に残った他の二社も、ほぼ同様の長所をアピールしていたからである。

クライアントの立場になって考えれば、すぐわかるだろう。どの企業も、プレゼンテーションが終盤に差しかかると、決まって一〇の項目くらいを挙げて自社をアピールする。しかもその内容はほぼ同じである。プレゼンテーションの内容に大差なければ、見積もりを比べて、いちばん低いところを選ぶしかない。このように相違点より類似点のほうが圧倒的に多ければ、相違点がいくつかあっても顧客の印象には残らない。

2 優位性を列挙する

第二の手法は、顧客には別の選択肢もあることを認識したうえで、バリュー・プロポジションを提案する方法である。

たとえば産業用ガスのトップメーカーは、ある顧客企業に提案するに当たって、先方から次のように言われた。「複数のメーカーに提案を募り、魅力的な二ないしは三社に直接会って詳しい話を聞いたうえで決めたい」という。となると、このメーカーが考えるべきことは「自社の製品にどのような長所があるか」ということではなく、「競合製品と比べて、どこが優れているか」である。

顧客には、競合製品やまったく別の代替案など、他の選択肢がある。サプライヤーはこれらをよく研究し、自社製品との比較を行わなければならないのである。といっても、自社製品の優位性を把握するだけでは意味がない。問題は、その価値を顧客に訴求し、納得してもらえるどうかである。また、競合製品との優位性が複数ある場合、最も顧客価値が高い要素を見極めるのが難しい。顧客のウオンツや嗜好を把握し、それに応えることに意味があるのかどうかを十分検討しないと、顧客価値に乏しい要素を売り込むことになりかねない。

以上のように、このアプローチは、自社製品の優位性は顧客価値が高いという自分勝手な前提に立っている。その結果、冒頭に紹介した半導体メーカーのように、意味もなく価格を割り引いたりするはめになる。

3　顧客ニーズに的を絞る

たしかに、自社の製品の長所をただ列挙するだけのバリュー・プロポジションに比べれば、優位点を強調する手法のほうがまだましである。しかし一番よいのは、顧客のニーズに焦点を絞ってバリュー・プロポジションを行う方法である。

顧客企業で購入の決定を行うマネジャーは、日々重くなる責任を負い、たいていは時間に追われている。そこでサプライヤーには、重要な要素をよく把握し、簡明で魅力あふれるバリュー・プロポジションを行ってほしいと思っている。つまり理想的なのは、顧客の優先事項に的を絞り、その少数の要素で優れた製品をつくり、その優位性を具体的に示し、また、データを集め、さらに顧客の優先事項に精通していることをアピールすることである。こうしたバリュー・プロポジションと、優位点を強調するだけのバリュー・プロポジションは、次の二点で大きく異なる。

まず、的を絞るに当たって、訴求ポイントの数はあまり重要ではない。それどころか、たくさんの優位性を備えていても、あまり重要ではない要素にはあえて触れず、顧客にとって最も重要で、しかも改善によって継続的に価値をもたらす要素を一つか二つ取り上げる。したがって、あまり重要ではない要素は競合製品と比べて見劣りするかもしれないが、重要な少数の要素に資源を集中させたほうが賢明である。

そして第二に、焦点を絞るバリュー・プロポジションでは、競合製品との類似点もあえて取り上げる。たとえば、その要素について言及しなければ、採用の候補にもなれないという場合がある。またある要素に関して自社製品が劣っていると勘違いされている場合もある。つまりサプライヤー自身は、競合製品に引けを取らないと思っているのに、顧客は、競合製品のほうが優れていると思っているのだ。こうした誤解を解くには、その価値要素についてよく研究し、自分たちの主張の正しさを証明する必要がある。

焦点を絞ってバリュー・プロポジションを行うとは具体的にどういうことか、実例を見てみよう。

ソノコは、サウスカロライナ州ハーツビルに本社を置く、世界的なパッケージングメーカーである。同社はヨーロッパの大手消費財メーカーに、ある商品のパッケージデザインの変更を提案したことがある。ソノコはこの時、パッケージデザインを変えれば、必ずや売上げが拡大すると考え、イノベーターとしての自分たちの高い評価をアピールしつつ提案を持ちかけた。この提案には、既存のパッケージに比べて六つの優位性があった。しかし、バリュー・プロポジションを差別化するため、あえて六つのうちの二つだけを強調し、さらに一つの既存パッケージとの類似点について言及した。

彼らが強調したのは、パッケージデザインを変更すれば、封入のスピードが増し、生産効率が大幅に向上すること、そして消費者への訴求力が高まるという点だった。しかも、コストはそれまでと同じである。「パッケージコストは同じである」という類似点にあえて触れたのは、これを明らかにしなければ、顧客が提案に目を通すことさえなかったからである。また複数の優位点の中から「生産効率の向上」という優位性を選んだのは、それが顧客のコスト削減につながるからである。たとえばこの消費財メーカーは、生産ピーク時には一週間休まず一日三交代で稼働していたが、パッケージデザインを変更すれば、一日二交代で週五日の稼働で済んだ。そして消費者への訴求力という第二の優位性は、売上げや利益の増加につながる。彼らはこれ以外の優位点にはあえて触れなかった。顧客にとって重要なのは、これら二つの優位性と一つの類似点だけだと考え、そこに的を絞ったバリュー・プロポジションを開発したのである。

ある要素について競合製品と同等であるにもかかわらず、顧客が競合製品のほうが優れていると勘違いしている場合、バリュー・プロポジションの説得力を高めるには、同等であることをあえて強調することが不可欠かもしれない。

アラバマ州に本社があるエンジニアリング・ソフトウェア企業、インターグラフのバリュー・プロポジションについて見てみよう。同社は、エンジニアリング、調達、建設に携わる企業向けにソフトウェアを提供している。

たとえばスマートプラントP&IDは、プラントのバルブ、ポンプ、配管の流れを設計し、P&ID（配管および計装系統図）を作成するためのソフトウェアである。しかしこのソフトウェアは、CADではなくリレーショナル・データベースを基盤にしているため、見込み客によっては設計性能で劣ると思われている。なぜなら、CADのほうが設計ツールとして普及しているからだ。インターグラフはこれを完全な誤解であると否定し、両者の性能に差がないことを既存顧客のデータを示して証明した。この時、インターグラフが提案したバリュー・プロポジションは、一つの類似点（もともとは「争点」だが）と三つの相違点で構成されている。

類似点：このソフトウェアを使えば、CADソフトの場合と同じくらい短時間で、P&ID（リポートを含む）を仕上げられる。

相違点❶：このソフトウェアを使えば、プラントの設備と全工程を一括管理できる。そして設計段階が進むたびに、すべてのデータをチェックし、一般のエンジニアリング実務、自社特有のルール、個別のプロジェクトやプロセスのルールに準拠しているかを確認できる。そのため、変更によって設計の相互関係が崩れたり、ましてや間違った機器を発注したりといったことがなく、大きな損失を出さずに済む。

相違点❷：このソフトウェアを使えば、プロセス・シミュレーションのような上流工程も、計装設計のような下流工程も同時に管理できる。そのため、データをあらためて登録する必要がなく、その結果ミスが減る。

相違点❸：このソフトウェアを使えば、地理的に離れているオフィス同士が協力してプロジェクトに取り組むことができる。また、一つのデータベースにまとめ、最終顧客であるプラントの施主に渡すことができる。

このように焦点を絞ったバリュー・プロポジションならば、大きな成果が期待できる。ただし、けっして簡単ではない。そのためのヒントを得るには、顧客価値を調査しなければならない。しかし、「顧客価値調査」の重要性は以前から指摘されているが、実際にはほとんど実施されない。これには時間も労力もかかり、忍耐とある程度の創造力を要求されるからだ。

しかし我々が調べたベストプラクティス企業の事例が示すように、この方法でバリュー・プロポジションを提案すれば、顧客企業の事業に精通し、抱えている問題の解決に協力できる。**章末**「バリュー・プロポジションを強化する法」の、大手特殊樹脂メーカーのバリュー・プロポジションはその典型例で、正しい努力は報われることを証明している。

顧客を納得させるソリューションを開発する

購買意思決定者たちを集めて討論会を開いたところ、サプライヤーのバリュー・プロポジションについて、「うちはお得ですよ」の一つ覚えだという意見が出された。しかもその主張の大半は「フィクション」だという。こう皮肉たっぷりに言ったのは、ロッテルダムからの参加者だった。彼は通常、サプライヤーの口上を聞き終わると、人材、プロセス、ツール、経験について質問を浴びせかけ、実際にコスト削減につながるのかどうかを判断しているそうだ。また、たいていのバリュー・プロポジションは見せかけだけだという。

このことを裏返せば、顧客の共感を得るには、具体的な説明とデータが欠かせない。たとえば「言葉による方程式」で示すと、競合製品との相違点や争点がわかりやすく、顧客も納得しやすい。つまり、自社製品と競合製品では機能や特徴にどのような違いがあり、その結果、顧客企業の利益にどのように差が生じるのかについて、言葉はもとより、＋や÷などの簡単な数式も使って表現すればよい。

インターグラフやミルウォーキーのロックウェル・オートメーションのようなベストプラクティス企業は、このような方程式を用いて競合製品との比較を示し、自社製品を採用すると、なぜコスト削減につながり、顧客価値が増加するのかをわかりやすく説明している。この時、顧客価値の増加分を見積もるために、顧客企業の担当マネジャーと協力して顧客企業内のデータを集めるわけだが、場合によっては、業界団体など外部機関のデータを利用することもある。たとえば、ロックウェル・オートメーションはモーターのソリューションを提案する際、次のような数式を用いて、自社製品と競合製品を比較し、自社製品を選択すると、いかに消費電力量が節約され、コスト削減につながるかを示している。

消費電力量の節約によるコスト削減額

＝（競合製品を使用した場合の）消費電力（キロワット）×年間総稼働時間×電気料金（ドル／キロワット時）×使用年数－（ロックウェル・オートメーションの製品を使用した場合の）消費電力（キロワット）×年間総稼働時間×電気料金（ドル／キロワット時）×使用年数

法人営業において、機能や特徴を正確に伝え、効率的に交渉するには業界用語がわかっていなければならない。そこでこの数式でも、そのような用語が使われる。

顧客価値への貢献を証明する

サプライヤーがいくらコスト削減や顧客価値の増加が期待できると主張しても、顧客がそれに納得しないと意味がない。先のロックウェル・オートメーションをはじめ、オランダの精密機械メーカーのナイドラ・グループは「顧客事例」を示しながらバリュー・プロポジションを提案している。つまり、顧客企業で実現したコスト削減や価値増加のデータを示すのだ。

また、ゼネラル・エレクトリック（GE）のインフラストラクチャー部門のウォーター・アンド・プロセス・テクノロジー事業部（GEIW&PT）や、産業機器メーカーのSKFグループのように「顧客価値計算機」を使って、顧客価値の見積もりを提示している企業もある。顧客価値計算機とは、いわゆる表計算ソフトのことで、サプライヤーの営業担当者やアカウントマネジャー（顧客担当者）が、コンサルティング営業の場にノートPCを持参し、自社製品の導入によって期待できる顧客価値の期待増加分を示すのだ。

ベストプラクティス企業は、自社製品の優位性と価値を証明するためならば、どんな苦労もいとわない。たとえば、シカゴにあるアクゾノーベルの高分子化学事業部などは、化合物半導体ウェハーの生産に使われる高純度の有機金属材料の性能を証明するため、最近ある見込み顧客の施設で二週間試用してもらった。しかも、逆に金を支払って、である。なぜなら、装置の出力やメンテナンスなど、いろいろな手間がかかるからである。おかげでアクゾノーベルは、この有機金属材料の性能やコスト削減率を証明するデータを収集することができた。また、競合製品を使った場合と品質面で遜色ないことを示す証拠、つまりウェハーのサンプルも手に入れることができた。これにより同社の顧客も、自分たちの顧客にそのサンプルを見せて説明できるようになった。アクゾノーベルは現在、品質という類似点と、エネルギーコストおよびメンテナンスコストの大幅削減という二つの相違点を特徴とした、バリュー・プロポジションを提案している。

顧客価値を追跡調査し実証データを記録する

言うまでもなく、バリュー・プロポジションにおいて優れた価値をアピールすることは大切である。しかし、ベストプラクティス企業と呼ばれる企業はそれだけで留まらず、自社製品を購入した後の顧客企業のコスト削減率や売上増による利益増加額を追跡・記録している。これらの企業は顧客企業と話し合い、コストや利益を記録する方法を決め、その後しかるべき時期に、顧客企業の担当者と協力して計測を開始する。こうして収集されたデータは、顧客価値モデルを改善したり、顧客事例を作成したりするのに役立つ。これは顧客企業の担当者にもメリットをもたらす。このような計測データがあれば、コスト削減と利益増加額について上司に報告できる。さらに、サプライヤーが製品を販売した後まで顧客価値を追跡調査するとなれば、製品の信頼性もおのずと高まる。

GEIW&PTは一〇年前から、このようなバリュー・プロポジションを提供しており、納入後の顧客価値についても追跡調査している。GEIW&PTには「VGP」(value generation planning：顧客価値創造計画)というフレームワークがあり、現場担当者がそのプロセスやツールを利用して、顧客の事業内容を研究し、顧客価値を最大化するプロジェクトを計画・実行・記録できる。たとえばオンライン追跡ツールを使えば、これら営業担当者のみならず、顧客企業の担当者も状況経過や成果を確認できる。一九九二年にVGPを導入して以来、一〇〇〇件以上の顧客事例を積み上げている。しかも、全顧客企業において合計一三億ドルのコスト削減、二四〇億ガロンの水を節約し、五五〇万トンの排水、四八〇万トンの排ガスを減らした。

顧客価値の追跡調査を実施することで、自社製品の優位性に精通できるというメリットにもあずかれる。また、これら優位性も顧客企業によって異なることもつかめる。自社製品に関して詳細かつ広範な知識があれば、見込み客にも自信をもってコスト削減額や価値増加額の見積もりを提示できる。たとえばベストプラクティス企業の中には、契約も済んでいない段階で、コスト削減額を明示するところもある。

スペシャリティ・ケミカル会社のクエーカー・ケミカルは、大口顧客の一つである世界的な自動車エンジンメーカーに、経常経費を大幅に削減できるソリューションを提供した。同社には、化学エンジニア、機械エンジニア、環境エンジニアから成るチームがあり、顧客企業のコスト削減プロジェクトについて詳細に記録してきた。このような蓄積があるからこそ、このエンジンメーカーの業務効率や労働生産性を改善し、コスト削減できるソリューションを開発できたといえる。クエーカー・ケミカルは、このソリューションを採用した暁には、これまで冷却材の購入に支払ってきた額の五倍以上のコストを毎年削減できると見積もり、それをたがえることなく実現させた。この金額は、何と年間一四〇万ドルに上る。このような提案ならば、どんな企業でも歓迎されよう。

顧客価値に貢献するバリュー・プロポジションを開発する仕組み

バリュー・プロポジションを正しく開発し、実行すれば、自社も顧客企業も、事業戦略と業績は飛躍的に向上できると、声を大にして申し上げたい。

たとえばGEIW&PTは最近、製油所への新しいサービスを開発し、みごと成功を収めた。これは、ゼネラルマネジャーのジョン・パニシェラが経営資源を有効活用し、自社と顧客企業に最も大きな価値をもたらすプロジェクトに投資したからこそである。というのも、数年前に、石油精製プロセスと製油所の収益構造に精通した現場営業担当者が、画期的な新製品のアイデアをひらめいた。そこで彼は、炭化水素業界担当のマーケティングマネジャーに検討を求め、GEで「NPI」と呼ばれる新製品の開発申請書を提出した。

GEIW&PTでは、顧客価値の大幅増が見込める新しいソリューションのアイデアがあれば、営業担当者に限らず、誰でもNPIを提出できる仕組みになっている。そしてこれが提出されると、その業界に明るいマーケティングマネジャーが詳細な調査を実施し、提案された製品が、対象セグメントに大きな価値をもたらすかどうかを見極める。GEIW&PTでは、このように作成された事業プランが審査を待って、うず高く積み上げられている。シニアマネジャーたちはこれらの事業プランに目を通し、投資すべき案件を決定する。パニシェラが選んだプロジェクトは正式に承認され、製油所向けのサービスが開発された。この新しいサービスがもたらしたコスト削減額を記録したところ、サービスの価格の五～一〇倍に達した。こうしてGEIW&PTは、また新しいバリュー・プロポジションを開発したのである。

ソノコもまた、バリュー・プロポジションの開発を全社戦略の基礎に置いている。CEOのハリス・デローチ・ジュニア率いる経営委員会は、二〇〇三年以来、「年間二桁の利益成長率を維持する」という野心的な目標を掲げている。この目標を達成するには、バリュー・プロポジションの差別化が不可欠と考え、次のような指針を設けている。

- 差別化：ライバル企業よりも優れたバリュー・プロポジションを開発する。
- 定量化：バリュー・プロポジションの柱である相違点は、具体的な経済価値に換算して提示する。
- 持続性：バリュー・プロポジションは、長期間にわたって有効でなければならない。

ソノコの部門長たちは、バリュー・プロポジションの差別化がいかに部門業績に大きな影響を及ぼすかを十分承知している。しかも、一〇項目ある業績評価基準の一つでもある。部門長たちは業績報告会議で、担当するセグメントや主要顧客、またはその両方を対象にしたバリュー・プロポジションを発表することになっている。そして、利益率の成長に貢献するかどうかを基準に、簡単なフィードバックを受ける。なおこの席では、他の九つの業績評価基準についても同様にフィードバックされる。これだけでなく、各部門が開発したバリュー・プロポジションと業績との関係を毎年調べた結果、バリュー・プロポジションの差別化が二桁成長の実現に大きく影響していることが確認された。

ベストプラクティス企業を見ればわかるように、顧客ニーズに応えたバリュー・プロポジションの開発と実践は試行錯誤の賜物である。これが可能なのは、これらの企業が、社員たちが正しいバリュー・プロポジションを再現できる仕組みを整えているからだ。

たとえばクエーカー・ケミカルには、バリュー・プロポジション研修があり、化学プログラムマネジャーたちは毎年、顧客企業に赴き、バリュー・プロポジションの開発と実践に携わる。この研修プログラムにおいては、これらのマネジャーたちはまず、さまざまな業界の顧客企業のケーススタディに目を通し、過去のコスト削減プロジェクトや、それによって実現したコスト削減額を調べる。次に、顧客企業へのインタビュー調査をシミュレーションする。

この研修はチーム競争の形になっており、バリュー・プロポジションに必要な情報を収集し、最終的に最も優れた提案をまとめたチームに「自慢する権利」が与えられることになっている。クエーカー・ケミカルのように社内競争が激しい企業の場合、これは貴重なものである。この研修プログラムを通じて、コスト削減プロジェクトを開発するスキル、これを実際に指揮・実行できる能力が培われていく。

事実、この研修プログラムの最後では、実際の顧客企業にコスト削減のソリューションを開発・提案することになっている。

クエーカー・ケミカルでは毎年、九〇日間の大会が開かれているが、マネジャーたちはこの間にバリュー・プロポジションを開発する。そして、化学品管理サービス担当のディレクターが審査およびフィードバックする。実行可能と判断したプロジェクトの作成者には、商品券が贈られる。このような取り組みが功を奏し、顧客当たり年平均五〇〇万〜六〇〇万ドルのコスト削減を約束し、みごとこれを果たしている。

＊　＊　＊

ベストプラクティス企業はどこも、バリュー・プロポジションを事業戦略の柱に据えている。本稿では、バリュー・プロポジションの好例と悪例の両方を紹介しながら、対象セグメントや顧客のニーズに見合った価値を提供し、またそのことを正しく伝達するためのコツについて説明してきた。バリュー・プロポジションは、業績向上の土台でもあり、また指針ともなる。ただし、そのためには、営業マネジャーやマーケティングマネジャーだけでなく、経営陣を含めた全管理職の努力が必要不可欠である。

バリュー・プロポジションの三分類

自社製品やサービスにはさまざまな長所があり、技術的、経済的、社会的、サービス面で優れた価値を顧客企業にもたらすとしても、同じくらいの長所が競合製品にあれば意味がない。大切なのは、競合製品と比べて優れているか、劣っているかである。そこで我々は、顧客バリュー・プロポジションの要素を次の三つに分類することをお勧めする。

❶類似点：自社製品はけっしてナンバーワンではなく、ほぼ同等の性能、機能を備えた競合製品がほかにもある。

❷相違点：自社製品と競合製品には差があり、優劣がはっきりしている。

❸争点：どの企業の製品が最も優れているか、サプライヤーと顧客の間で判断が分かれる。サプライヤーは自社製品の性能や機能が最も優れていると考え、顧客はほかにも同等の性能や機能を備えた製品があると考える。あるいは、サプライヤーは自社製品はけっして競合製品に引けを取らないと考え、顧客は競合製品のほうが優れていると考える。

バリュー・プロポジションを強化する法

業務用塗料向け特殊樹脂メーカーの事例である。同社は、環境規制がどんどん厳しくなる状況から、顧客である塗料メーカーの今後のニーズは、規制への対応と性能の維持だろうと考えた。そこで、価格は少々割高だが、厳しい環境基準を満たし、かつ高い性能を維持した新しい化学樹脂を開発した。

ところが、これを試用した塗料メーカーの反応は、意外にも冷ややかだった。なかでも建築塗料部門のマネジャーがまったく乗り気でない。なぜなら、顧客の顧客である建築塗装業者は、割高の塗料に手を出すとは思えなかったからである。つまり予想売上げは悪いと判断したのだった。塗料メーカーが言うには、建築塗装業者は、規制で求められない限り、塗料の種類を変えることはないという。

樹脂メーカーはこのような点を突かれ、顧客価値調査に乗り出した。彼らは、顧客の顧客、つまり建築塗装業者のニーズや好みを調べるとともに、新しい化学樹脂がこれら業者のコストに及ぼす影響、さらにはその顧客、すなわち建物のオーナーのニーズまで調べたのである。たとえば、建築塗装業者にフォーカスグループや実地試験を実施し、データを収集した。そして主なニーズ、たとえば被覆性、乾燥時間、耐久性について研究し、彼らに依頼して、そのトレードオフを検討してもらったり、割高でもこれらの機能性が向上した商品を購入するかを尋ねたりした。特殊樹脂メーカーはまた、建築塗装業協会に加入し、社内のマネジャーたちに塗装の見積もりの仕方を勉強させたり、塗装業者が実際に使う見積もり用ソフトウェアの使い方を覚えさせたりした。

このような努力の結果、バリュー・プロポジションに関するヒントをいくつか得た。その中で最も注目に値したのは、塗料が塗装業者のコストに占める割合はわずかに一五％だったことである。かたや、人件費がコストの大半を占めていた。そこで考えたのが、塗料によって塗装業者の生産性が向上する、たとえば乾燥時間が短く、八時間で二度塗りできるならば、割高でも売れるだろうということである。この特殊樹脂メーカーは当初、環境基準という要素だけでバリュー・プロポジションを考えたが、顧客ニーズをくまなく調べて見直した結果、環境基準は重要とはいえ、コアとなるものではなくなった。

新しいバリュー・プロポジションはこうである。「この新しい化学樹脂を用いた建築塗料は塗膜が厚い。また一日に二度塗りができるため、生産性が高い。なおかつ環境基準も満たしている」。このバリュー・プロポジションは塗装業者の反響を呼び、この特殊樹脂メーカーは、価格を標準的な製品の四割増しに設定できた。

『Harvard Business Review』（HBR）とは

ハーバード・ビジネス・スクールの教育理念に基づいて、1922年、同校の機関誌として創刊された世界最古のマネジメント誌。米国内では29万人のエグゼクティブに購読され、日本、ドイツ、イタリア、BRICs諸国、南米主要国など、世界60万人のビジネスリーダーやプロフェッショナルに愛読されている。

『DIAMONDハーバード・ビジネス・レビュー』（DHBR）とは

HBR誌の日本語版として、米国以外では世界で最も早く、1976年に創刊。「社会を変えようとする意志を持ったリーダーのための雑誌」として、毎号HBR論文と日本オリジナルの記事を組み合わせ、時宜に合ったテーマを特集として掲載。多くの経営者やコンサルタント、若手リーダー層から支持され、また企業の管理職研修や企業内大学、ビジネススクールの教材としても利用されている。

マーケティングの教科書

――ハーバード・ビジネス・レビュー 戦略マーケティング論文ベスト10

2017年12月20日　第1刷発行
2019年1月28日　第4刷発行

編　者――ハーバード・ビジネス・レビュー編集部
訳　者――DIAMONDハーバード・ビジネス・レビュー編集部
発行所――ダイヤモンド社
〒150-8409　東京都渋谷区神宮前6-12-17
http://www.diamond.co.jp/
電話／03·5778·7228（編集）　03·5778·7240（販売）
装丁デザイン―デザインワークショップJIN（遠藤陽一・金澤彩）
製作進行――ダイヤモンド・グラフィック社
印刷――――八光印刷（本文）・新藤慶昌堂（カバー）
製本――――加藤製本
編集担当――大坪亮

ISBN 978-4-478-10440-8